M.r ROBERSPIERRE.

PRÉCIS HISTORIQUE

DE LA VIE,

DES CRIMES ET DU SUPPLICE

DE ROBESPIERRE,

Et de ses principaux Complices.

PAR le Citoyen DESESSARTS.

At qui sunt ii qui Rempublicam occupavere ?
Homines sceleratissimi, immani avaritiâ ;
Nocentissimi, iidemque superbissimi.

SALLUST. de Bello Jugurth.

A PARIS,

Chez l'Auteur, rue et place du Théâtre Français.

De l'Imprimerie de DELANCE, rue de la Harpe, N.º 133.

AN V. (1797 v. st.)

Tel est le but que je me suis proposé dans cet ouvrage. J'y ai joint des détails historiques sur la vie et les crimes de ses principaux complices, des *Couthon*, *Saint-Just*, *Dumas*, *Payan*, *Henriot*, *Fleuriot-Lescot*, *Coffinhal*, qui ont partagé son supplice.

On verra que ces scélérats étoient dignes d'être les confidens et les ministres des volontés de ce tyran.

Pour peindre en peu de mots cette horde de cannibales, je dirai avec Palissot :

« Tous ces brigands parloient d'humanité,
» Tous invoquoient la sainte égalité;
» Et cependant, sous leurs mains homicides,
» D'or et de sang, également avides,
» En longs ruisseaux, coulant de tous côtés,
» Le sang français inondoit nos cités.

Chant 7e de la nouvelle édition de la Dunciade.

SUPPLICE

SUPPLICE DE ROBESPIERRE.

Précis historique de la vie et des crimes de ce scélérat.

Quand on voit, dans tous les pays et dans tous les siècles, des hommes séduits par l'ambition, aspirer de toutes leurs forces au pouvoir arbitraire, n'épargner aucun crime pour l'obtenir, le désirer le plus souvent en raison de leur incapacité pour l'exercer; l'esprit s'épuise à chercher quels charmes offre donc la tyrannie, quels sont les appas qui attachent à sa poursuite, malgré les forfaits de tout genre qui en défendent l'approche, et dont il faut nécessairement se souiller pour y parvenir.

Quel mortel en effet, ayant reçu un cœur d'homme, peut songer sans effroi qu'aussitôt que les lois se taisent en présence d'un tyran, tous les hommes deviennent ses ennemis naturels; ennemis implacables dont la haine active ou concentrée doit empoisonner sa vie, et remuer encore ses cendres pour flétrir à jamais sa mémoire : que ses maux deviennent la consolation de ceux qu'il a opprimés : qu'abhorré de tous, il finit par se détester lui-même, et que lorsque la justice vengeresse de ses forfaits, l'arrête et le saisit, il voit, en fermant sa paupiere, le sourire de la joie sur la bouche même de ses satellites, et le présage de la malédiction publique qui doit accompagner et suivre son juste supplice ?

Tel fut et tel sera toujours le sort des tyrans ; l'histoire a prouvé ces vérités terribles ; heureux si elles eussent eu le pouvoir d'épargner à la France les malheurs causés par la plus épouvantable tyrannie qui fut jamais, et d'arrêter dès les premiers pas le plus affreux des scélérats dont nous allons écrire l'histoire, et tracer les forfaits.

Pour développer la tyrannie dans toute sa noirceur, il falloit réunir au caractère d'un ambitieux le cœur d'un profond scélérat, et le ciel anima Robespierre pour présenter tous ces vices dans un seul individu.

Il étoit natif d'Arras. Privé des avantages de la fortune, il dut son éducation aux bienfaits et aux libéralités de quelques personnes, qui voulurent verser sur le fils d'un citoyen vertueux, les fruits de l'estime que Robespierre pere leur avoit long-temps inspirée. Il fut envoyé dans un des colléges de Paris, où l'on avoit obtenu pour lui une bourse.

Ses succès dans les élémens des sciences, justifièrent et les soins qu'on prodiguoit à son éducation, et ce qu'on avoit droit d'attendre de lui. Il fit ce qu'on appelle de bonnes études : on n'auroit eu rien à lui reprocher dans ses premiers momens de son existence, si son caractère eut été aussi flexible que son esprit étoit prompt à concevoir. Mais il étoit mutin, opiniâtre, dédaigneux, jaloux, et c'est avec ces vices, renforcés encore par l'orgueil que lui avoient inspiré ses succès, qu'il reparut devant ses bienfaiteurs d'Arras, qui l'accueillirent avec bonté et se proposerent de lui ouvrir la carrière du barreau, comme étant celle qui convenoit le plus et à ses talens et à la profession que sa famille exerçoit depuis long-tems.

Il fut en conséquence renvoyé à Paris pour y faire son droit ; mais il ne réussit pas dans cette carrière comme l'avoient espéré ses parens et ses amis. Quoiqu'il fut reçu avocat, il ne fit rien qui parut le conduire à la célébrité ; il resta confondu dans la classe obscure de cette multitude d'avocats qui alors

A 3

assiégeoient à l'envi les salles du palais,
pour y choisir des modeles, sans avoir les
moyens de les imiter. Il céda au découragement qui s'empara de son ame, et revint
à Arras, dans l'espoir au moins de briller
sur un théâtre concentré, puisqu'il n'avoit
pu réussir à se faire remarquer dans la patrie
des talens et des beaux arts.

Rentré dans ses foyers, il s'y livra à l'intrigue ; il chercha à obtenir, par l'influence
des cotteries, ce qu'il ne pouvoit obtenir de
ses foibles talens. C'est à cette manœuvre
qu'il dut d'être chargé d'une affaire dont l'objet bizarre fixoit l'attention générale dans sa
province : il s'agissoit des paratonneres que
les habitans de la ville vouloient avoir sur
leurs maisons , et que les habitans de la campagne proscrivoient. Un procès très-sérieux
s'étoit élevé à ce sujet. Robespierre fut chargé
de plaider pour les habitans de la ville ; c'é-
toit une occasion d'éclat : il y employa tous
ses moyens, mais des prétentions aux succès
il y a souvent une grande distance ; Robespierre l'éprouva. Il fit un mémoire qui le
perdit dans l'opinion de ceux qui lui suppo-
soient des talens, et qui l'exposa aux railleries de ses ennemis. Il s'étoit engagé dans

des dissertations de physique qui compro-
mirent ses lumières dans cette partie, et con-
vainquirent tous les bons esprits de sa présomptueuse ignorance. Depuis cette époque
il resta, pour ainsi dire, accablé sous le
poids de son impuissance, et il se perdit dans
une obscurité qui le fit presque totalement
oublier de ses compatriotes.

Ce ne fut que vers le temps où l'annonce
de la convocation des Etats - Généraux ré-
veilla toutes les ambitions, et divisa la France
en mille partis, que Robespierre se reproduisit aux yeux de ses concitoyens pour bri-
guer leurs suffrages. Après quelques tentatives inutiles auprès des habitans d'Arras,
il se tourna du côté des habitans de la campagne, et il réussit à se faire nommer député par cette classe d'hommes, que si souvent l'intrigue a rendu les instrumens des
plus noirs forfaits, en trompant leur bonne
foi, et en surprenant leur aveugle crédulité.

C'est ici que commence à se développer
le caractère de Robespierre. Arrivé à Versailles, il se jetta, comme par instinct, dans le
parti qui de loin préparoit la désorganisation
de la France; et sans y jouer d'abord un grand
rôle, il s'y fit connoître par une entière dé-

férence aux opinions et aux principes qui devoient dans la suite servir de base au triomphe de l'anarchie et du crime. Quant à ses moyens à la tribune de l'assemblée constituante, ils furent plutôt une source de disgrace pour lui, qu'une occasion de gloire et de célébrité : les grands talens qui se trouvoient réunis dans cette assemblée l'avoient jeté a une telle distance, qu'il ne dût qu'à la singularité de ses idées d'être remarqué.

Ceux qui l'ont observé dans les deux époques principales de sa vie politique, c'est-à-dire, lorsqu'il exerçoit les simples fonctions de député à l'assemblée constituante, et lorsqu'il dictoit, en tyran, ses volontés au sein de la convention nationale, ont remarqué en lui, comme deux hommes aussi différens l'un de l'autre, que le rôle qu'il remplissoit dans ces deux circonstances, se ressembloit peu. Robespierre, à l'assemblée constituante, étoit un député timide, qui n'abordoit, pour ainsi dire, la tribune qu'en tremblant, qui n'y prononçoit que des phrases décousues, où perçoient l'ignorance et le mauvais goût, et qui en descendoit presque toujours au milieu du rire qu'excitoit son espece d'idiotisme. Il avoit, à cette époque, une voix aigre et dés-

agréable, une sorte de difficulté dans la prononciation, des gestes brusques et sans grace, un regard mal assuré, et une contenance
convulsive. Plus d'une fois sa seule présence
à la tribune avoit suffi pour appeler sur lui
les plaisanteries les plus mortifiantes; si on
l'écoutoit, c'étoit dans l'attente de quelque
idée ou de quelque mot dont on s'égaioit
d'avance. — Il est brillant et inépuisable,
camme la chandelle d'Arras, disoit-on, en
l'entendant. On voyoit même ses partisans
mêler leur sourire dédaigneux aux ridicules
humilians, dont le couvroient ailleurs ceux
qui ne l'estimoient pas, et le désavouer, pour
ainsi dire, comme un homme capable de
compromettre l'honneur de sa faction.

Quels efforts n'avoit-il pas dû faire sur
lui-même pour triompher à la fois de tant
de ridicules, et parvenir au point où il s'est
montré à la convention nationale? Car, nous
ne serons pas du nombre de ceux qui lui contestent toute espece de talens, et s'attachent
à le peindre aussi dépourvu de moyens qu'il
étoit féroce.

L'assemblée constituante fut pour Robespierre une école, où son ame orgueilleuse
et vaine, sans cesse irritée par le spectacle

des grands talens, et par les mépris qui sembloient le poursuivre, se forma à un goût
meilleur et à des formes oratoires plus sé-
duisantes. Un de ses amis lui ayant témoigné
son étonnement de ce qu'il ne se montroit
plus à la tribune : — Je fais comme Démos-
thène, lui répondit-il, je m'essaie à parler.
— En effet, son silence fut très-long, et lorsque sur la fin de la session de l'assemblée
constituante, il se reproduisit à la tribune,
on observa qu'il s'étoit fait en lui un changement qui surprit aussi agréablement ses
amis, qu'il étonna ses adversaires.

Mais ce qui avoit surtout contribué à ce
changement de Robespierre, c'étoient les
succès effrayans de la faction anarchique
dont il étoit membre, et l'influence qu'il
avoit acquise sur les brigands soudoyés par
cette faction ; il commençoit à avoir alors le
sentiment de ce qu'il pouvoit à l'aide de cet
appui, et fier de cet encouragement, il osoit
se livrer à l'audace de ses conceptions, et
dépouiller la timidité qui d'abord l'avoit rendu si niais et si ridicule.

Il termina sa carrière à l'assemblée constituante, avec une espece d'éclat : la révi-
sion de l'acte constitutionnel monarchique,

lui fournit l'occasion de se déchaîner souvent
contre les partisans de la cour qui lui parois-
soient sacrifier les intérêts de la liberté à ceux
de l'autorité royale. Il sortit de l'assemblée
avec le titre d'incorruptible que sa faction lui
donna ; et après avoir joui pendant quelques
jours à Paris de la popularité qu'il avoit acquise, il songea à se retirer à Arras, pour
se délasser, au sein de sa famille, des fatigues de la carrière qu'il venoit de parcourir,
et goûter les douceurs du triomphe que lui
préparoient ses partisans et ses amis.

Ce triomphe que Robespierre se proposoit
d'afficher dans sa ville natale, et au milieu
de ses concitoyens, étoit dans ce moment la
suprême ambition de son cœur ; aussi ne né-
gligea-t-il rien pour le rendre aussi éclatant
que les circonstances pouvoient le permettre. Depuis quelque temps il avoit annoncé
son retour prochain à une de ses anciennes
maîtresses, en lui confiant le vœu secret de
son amour-propre. Celle-ci avoit en conséquence réuni tout ce que la ville d'Arras
renfermoit alors de vagabonds et de partisans
de l'anarchie, et, de concert avec le frère
de Robespierre et ses sœurs, elle avoit disposé la pompe avec laquelle l'incorruptible

A 6

représentant du peuple devoit être accueilli dans sa patrie.

Robespierre fit son entrée à Arras vers le commencement du mois d'octobre 1791. C'étoit l'époque où quelques bataillons de la garde nationale de Paris étoient cantonnés à Bapaume, petite ville distante de cinq lieues d'Arras ; quoique cette commune ne fut pas sur la route que Robespierre devoit naturellement suivre pour se rendre dans sa patrie, la certitude d'y trouver une escorte imposante, l'engagea à y passer ; il ne se trompa pas dans son attente ; plus de deux cents jeunes militaires, tant officiers que soldats, après avoir été le complimenter à l'auberge où il étoit descendu, s'offrirent à lui servir de cortége, et sans attendre sa réponse, entourerent sa voiture, et s'acheminerent avec lui vers Arras.

Vingt d'entre eux des mieux montés, le précéderent, et allerent annoncer son arrivée prochaine : il étoit neuf heures du soir ; aussitôt ses partisans s'agitent, courent les rues comme des forcenés, et commandent aux citoyens d'illuminer leurs maisons. Beaucoup obéissent ; ceux qui se refusent à cet ordre impérieux, ont leurs vitres cassées, et dans un instant la plus grande agitation regne dans la ville d'Arras ; enfin le cortége que la fidelle maîtresse avoit préparé depuis plusieurs jours, s'avance et marche sur la grande route au devant de Robespierre. Il étoit composé d'un grouppe de vieillards, portant des couronnes civiques, d'un cœur de femmes vêtues de blanc, et d'une troupe d'enfans chargés de répandre des fleurs. On avoit préparé des éloges, des couplets, et surtout des imprécations contre ceux qui ne reconnoîtroient pas l'incorruptibilité de Robespierre.

C'est au milieu de cette pompe que ce vil ambitieux rentra dans sa patrie. Malheur à ceux des habitans qui eurent le courage de ne point céder aux ordres de la multitude, et de ne point illuminer leurs fenêtres ; de son regard féroce il parcourut toutes les maisons, marquant, pour ainsi dire, celles qui ne lui offroient pas des signes d'allégresse : funeste présage des proscriptions qui devoient frapper les plus honnêtes familles de cette malheureuse ville, pour les punir de n'avoir pas rendu hommage à sa présence, et célébré son retour comme l'événement le plus heureux et le plus honorable pour leur patrie !

Le séjour que fit Robespierre à Arras fut

une épouvantable calamité pour tout le pays. C'est alors qu'il forma les *Lebon*, et toute cette race d'assassins destinés à dépeupler, dans la suite, le nord de la France. Attentif à éviter tous les hommes éclairés et sages, il n'admettoit dans sa société que ceux au milieu desquels il pouvoit impunément répandre ses maximes odieuses. Quand le hazard le plaçoit avec des hommes instruits, il s'enfonçoit dans un silence morne et profond, qui, sans convaincre de son éminent savoir, lui attiroit quelquefois des plaisanteries ou des aventures piquantes : en voici une.

Il étoit un jour placé à table à côté d'un militaire qui avoit la tête échauffée par le vin et par la gaieté ; on parloit de politique, et chacun s'évertuoit à son aise : Robespierre étoit le seul qui parut ne prendre aucune part à la conversation. La discussion étoit animée et vive : comme on ne pouvoit s'entendre, le militaire, se tournant brusquement vers Robespierre qui étoit enfoncé dans sa chaise, le prit par le milieu du corps, et l'élevant malgré lui, — Messieurs, dit-il, je fais la motion qu'il soit ordonné à Robespierre de parler, et de juger le point qui nous divise ; que ceux qui sont de cet avis levent la main. — Tous les convives s'empresserent de lever la main. Confus, humilié à l'excès de cette incartade, Robespierre balbutia quelques mots. — Allons donc, qui m'a f. * * un homme comme ça, répliqua l'officier, en le laissant retomber sur sa chaise, on ne sait jamais s'il est content ni ce qu'il pense. — Buvons, ajouta-t-il, en s'adressant à la compagnie, mais ne buvons qu'aux francs et joyeux Français. Ce malheureux militaire a été guillotiné à Lille deux ans après.

Robespierre après avoir séjourné à Arras autant de temps qu'il le falloit pour s'y former un parti, revint à Paris pour y exercer les fonctions d'accusateur public auprès du tribunal criminel du département de Paris ; il se dégoûta bientôt de ce ministère, qui le plaçoit dans un cercle trop étroit, et donna sa démission, en alléguant que l'intérêt du peuple l'appeloit à un emploi bien plus important, celui de surveiller les ennemis de la liberté, et de les dénoncer à l'opinion publique ; c'est alors qu'il se mit à faire un journal.

Le succès qu'eut ce journal parmi les hommes simples, qui sont si faciles à égarer, alarma tous les bons citoyens. L'anarchie et la sédition y étoient prêchés à chaque page ; les principes les plus destructeurs de l'ordre sociale y étoient célébrés : c'étoit, avec d'autres phrases, le système tout entier de *Marat*. Mais ce journal lui acquit une grande popularité, et dès ce moment il se vit en état de jeter les fondemens de la tyrannie, qui va se développer maintenant à grands traits. Pour être plus à portée de diriger les manœuvres des chefs de la faction anarchique qui gouvernoit la société des Jacobins, Robespierre s'étoit logé à côté de cet antre du crime. Il partageoit tout son temps entre les séances publiques de cette société, et les conciliabules secrets qu'il tenoit avec ses complices, pour préparer de loin les tempêtes qui devoient éclater.

C'est à cette époque que Chaumette et Hébert commencerent à faire du bruit. Celui-ci s'étoit approprié le titre d'une feuille périodique que composoit un employé aux postes, sous le titre de *Père Duchéne*. Hébert, par son impudence et son cynisme, fit entierement oublier son modèle. L'emportement avec lequel Chaumette et Hébert prêchoient dans leurs écrits le désordre et l'assassinat, leur acquit un grand crédit dans le club des Cordeliers, et leur valut ensuite une place parmi les membres de la Commune du 10 août. Voilà l'origine et la cause de cette renommée, qui, pendant quelques mois, fit de ces deux scelérats deux fléaux de la France.

Lâche par caractère, Robespierre ne joua qu'un rôle passif au milieu des orages qui environnerent la seconde assemblée nationale.

Il ne fut présent à aucune des journées du 20 juin, du 10 août, des 2 et 3 septembre.

On se rappelle que le 2 septembre le carnage commença vers les cinq heures après midi. Les prisonniers, à qui chez tous les peuples policés le malheur imprime un caractère sacré, furent égorgés avec des raffinemens de barbarie, dont le souvenir souleve l'ame et fait presque rougir d'être homme.

Ce massacre fut le prélude des élections. Pendant cette époque désastreuse, la faction de Philippe et celle de Maximilien resterent constamment unies, parce que la seconde avoit besoin de l'or de Philippe, et la première des forfaits de la seconde. Toutes les deux porterent chacune leur chef parmi les députés à la convention nationale. D'Orléans et Robespierre furent nommés députés par le département de Paris.

La convention nationale commença ses séances le 21 septembre 1792, et par le premier décret qu'elle rendit, elle abolit la royauté en France; mais comme en anéantissant la royauté, elle n'avoit point déclaré de quelle manière la chose publique seroit désormais gouvernée, les factieux en conclurent qu'il leur deviendroit aisé de prouver au peuple que la France n'en mériteroit pas moins le nom de république, si elle étoit gouvernée par un régent, un lieutenant – général, un dictateur, ou des triumvirs.

Les complices de Robespierre se hâterent donc de jeter dans le public l'idée d'un dictatoriat ou d'un triumvirat. Dès les premiers jours de la convention, les murs de Paris furent couverts d'un placard, où l'on disoit que la France ne pouvoit être sauvée que par un triumvirat. Les factieux parurent ensuite préférer le dictatoriat, et dans divers conciliabules, dans la plupart des grouppes, on parloit assez ouvertement de donner cette suprême magistrature à Robespierre.

Ces manœuvres alarmerent plusieurs députés, et Kersaint, l'un d'eux, monta à la tribune et dit :

« Les assassinats sont propagés dans tous

» les départemens ; les inimitiés personnelles,
» les vengeances, font par tout couler le sang.
» La consternation et la terreur regnent dans
» la république. Ce n'est pas l'anarchie qu'il
» faut accuser de tant de crimes ; le peuple,
» livré à lui-même, en seroit incapable ; ce
» sont des tyrans d'une nouvelle espece qui
» font égorger le citoyen par le citoyen, le
» frère par le frère ; ils commandent toutes
» les horreurs de la guerre civile, sans en
» laisser au peuple les malheureux honneurs,
» et sans en courir eux-mêmes les périls :
» les murailles de Paris sont toujours tapis-
» sées d'affiches qui provoquent aux meurtres,
» aux incendies, et de listes de proscriptions
» où l'on désigne chaque jour de nouvelles
» victimes. . . .

» Comment voulez-vous préserver le peu-
» ple, et surtout le peuple de Paris, d'une
» effroyable misère, si tant de gens sont ré-
» duits à se cacher, et à se dérober à eux-
» mêmes une partie de leur existence » ?

Les projets de Robespierre furent dénoncés avec encore moins de ménagement dans
la séance suivante : « Oui, dit Lasource, il
» existe un parti qui veut écraser la conven-
» tion nationale, et élever sur ses débris la

» dictature. Ce parti est celui qui donne des
» ordres arbitraires, qui a décerné des man-
» dats d'arrêt contre huit de mes collegues à
» l'assemblée législative, qui soudoie des
» brigands pour le pillage, des assassins pour
» le meurtre, et ose imputer au peuple les
» forfaits qu'il commande.... Dussé-je, en
» sortant, périr sous les coups de ces traî-
» tres, je ne me contenterai pas d'avoir sou-
» levé le voile qui les couvre; encore quel-
» que temps, et je les démasquerai ».

Rébecqui, député de Marseille, s'écria
alors : « Le parti qui veut établir la dictature,
» c'est le parti de Robespierre ; je vous le dé-
» nonce ; il est connu à Marseille, et c'est
» pour le combattre que nous avons été en-
» voyés ici ».

Danton ayant sommé Rébecqui de signer
cette accusation, celui-ci s'élança au bureau
pour la signer. Dans le même moment, Barbaroux, autre député de Marseille, parut à
la tribune, et dit :

« Je me présente pour signer la dénoncia-
» tion faite par le citoyen Rébecqui contre
» Robespierre. Nous étions à Paris avant et
» après le 10 août.... nous avons été recher-
» chés à notre arrivée par les partis qui divi-

» soient la capitale. On nous fit venir chez
» Robespierre ; on nous dit là qu'il falloit se
» rallier aux citoyens qui avoient acquis le
» plus de popularité. On parla de créer une
» dictature ; et le citoyen Panis nous désigna
» nommément Robespierre, comme l'homme
» vertueux qu'il falloit y élever.... Voilà ce
» que je signerai ».

Plusieurs députés , entr'autres Cambon, ne
parlerent pas avec moins de force contre la
faction de Robespierre ; ils en dévoilerent les
artifices, lui attribuerent les massacres des 2
et 3 septembre.

Robespierre se défendit en faisant valoir la
réputation de patriotisme qu'il s'étoit acquise.
« Eh ! laisse-là, lui crierent Osselin et Le-
» cointre-Puiravaux, ta vie passée, et dis
» franchement si tu veux la dictature »!

Dans ce discours, Robespierre s'exprima
ainsi sur les massacres des 2 et 3 septembre :
« Les coups portés par les patriotes sur les
» têtes les plus coupables, ne sont pas des
» crimes atroces ».

Quant au fonds de l'accusation, Robespierre
divagua. « Vous qui m'avez accusé , s'écria-t-
» il , quels sont vos faits , quelles sont vos
» preuves ? Qui vous a donné le droit d'inten-

» ter une telle accusation contre un homme
» qui n'a pas démérité de son pays ? Vous
» m'avez accusé, mais je ne vous tiens pas
» quitte; vous la motiverez cette grande accu-
» sation; cette grande cause sera discutée ;
» elle le sera, je l'espere, en présence de la
» Nation entière, au sein de la convention
» nationale. Et ne croyez pas, messieurs,
» que sans nous connoître nous puissions mar-
» cher d'un pas égal vers la liberté, vers le
» salut public : non, il faut savoir si nous
» sommes probes, ou s'il y a parmi nous des
» traîtres ».

Pendant les débats, les membres de la députation de Paris ayant été inculpés, Danton, qui trouvoit l'apologie prononcée par
Robespierre insignifiante, crut devoir répondre lui-même à l'accusation. « Dût, s'écria-t-
» il, cette accusation faire tomber la tête de
» mon meilleur ami, il faut que la Nation
» française soit vengée; mais on calomnie la
» députation de Paris; il n'y a point de soli-
» darité entre les hommes, ni pour les cri-
» mes, ni pour les bonnes actions.

» Quant à moi, continua-t-il, il y a long-
» temps que je désire rendre compte de ma
» vie politique. Je n'ai jamais cessé de mar-

» cher sur la ligne des plus vigoureux dé fen-
» seurs de la liberté... Aucun intérêt person-
» nel n'a jamais déterminé ma conduite ; que
» mes vœux pour la chose publique soient
» remplis, et mes yeux souvent tournés vers
» le département qui fut mon berceau, le
» reverront bientôt. S'il est un seul homme
» qui, dans ses rapports avec moi, m'ait ja-
» mais surpris dans quelques vues, dans quel-
» ques mouvemens d'ambition individuelle,
» qu'il se leve et me dénonce....

» Assez et trop long-temps on m'a accusé
» d'être l'instigateur des placards et autres
» écrits de Marat ; mais j'invoque à cet égard
» le témoignage du président de la convention
» (Pétion). Il m'a vu souvent aux prises avec
» Marat , à la Commune et dans les comités
» de la municipalité ».

Ces observations ne prouvoient pas qu'il ne
fût point question de substituer la dictature
à la royauté. Marat fit en effet la déclaration
suivante.

« On accuse, dit-il, la députation de Paris
» d'aspirer au tribunat... Au milieu des pié-
» ges, des machinations dont la Patrie est sans
» cesse environnée ; à la vue des menées se-
» cretes des traîtres renfermés dans l'assem-

» blée, constitutive, dans la législature ; lors-
» que j'ai vu la patrie entraînée au bord de
» l'abîme, me ferez-vous un crime de m'être
» servi du seul moyen qui me restoit, pour
» l'empêcher d'y être précipitée ? Me ferez-
» vous un crime d'avoir appelé sur la tête
» des coupables la hache vengeresse du peu-
» ple ?.... J'ai proposé un homme sage à la
» tête du peuple, pour diriger ses mouve-
» mens, sous la dénomination de tribun du
» peuple, de dictateur ou de triumvir, le
» nom n'y fait rien.

» Telles sont mes opinions ; je les ai impri-
» mées ; j'y ai mis mon nom ; je les défends,
» et je n'en rougis point. Si vous n'êtes pas
» encore à la hauteur de m'entendre, tant pis
» pour vous ; les troubles ne sont pas finis....
» les troubles et l'anarchie n'auront point de
» fin ».

A cette époque le parti de Robespierre
étoit très-puissant : lui-même jouissoit d'un
grand crédit dans la société des Jacobins. A
l'aide des correspondances de cette société,
son nom s'étoit répandu au loin. Tous ceux
qui n'avoient rien à perdre et ne désiroient
que la continuation du désordre, le regar-
doient comme leur chef. La Commune de
Paris

Paris qui lui étoit dévouée, fit circuler dans
tous les départemens la proclamation suivante :

« Frères et amis, étoit-il dit dans cette pro-
» clamation, un affreux complot, dans lequel
» un grand nombre de membres de l'assem-
» blée nationale sont compromis, a réduit la
» Commune de Paris à la cruelle nécessité
» de se servir de la puissance du peuple pour
» sauver la Nation... La Commune de Paris,
» fière de jouir de la plénitude de la confiance
» nationale, placée au foyer des conspira-
» tions, ne se glorifiera d'avoir rempli plei-
» nement ses devoirs, que lorsqu'elle aura
» obtenu votre approbation, dont elle ne se-
» ra certaine qu'après que tous les départe-
» mens auront sanctionné ses mesures... Elle
» se hâte d'informer ses frères des départe-
» mens qu'une partie des conspirateurs fé-
» roces détenus dans ses prisons, a été mise
» à mort par le peuple ; actes de justice qui
» lui ont paru indispensables pour retenir par
» la terreur les traîtres renfermés dans ses
» murs.... Sans doute la Nation s'empressera
» d'adopter ce moyen si utile et si néces-
» saire ; et tous les Français se diront, comme
» les Parisiens : *Ne laissons pas derrière nous*

B

» *ces brigands, pour égorger nos enfans et nos*
» *femmes* ».

Hébert redoubla dans cette circonstance de férocité dans ses écrits. Un autre journaliste demandoit dans chacune de ses feuilles neuf cent mille têtes, et faisoit afficher des placards, où l'on lisoit ces mots :

« Une seule réflexion m'accable, celle que
» tous mes efforts pour sauver le peuple n'a-
» boutiront à rien dans une nouvelle insur-
» rection. A voir la trempe des députés à la
» convention nationale, je désespere du salut
» du peuple.... N'attendez plus rien de vos
» députés. Vous êtes perdus pour jamais :
» cinquante ans d'anarchie vous attendent ».

A la même époque, des orateurs de cette faction parcouroient les grouppes, provoquoient au meurtre, et publioient des listes de proscription. Comme dans tous ces mouvemens, qui tendoient visiblement à comprimer les esprits par la terreur, il étoit toujours question d'investir Robespierre de la dictature, il se fit contre lui, le 29 octobre 1792, un nouvel effort dans la convention nationale. Louvet monta à la tribune, et prononça le discours suivant :

« Je vais vous dénoncer un complot qui vous

» étonnera, vous tracer des scènes affligean-
» tes dont votre humanité gémira, et vous
» dévoiler des coupables contre lesquels je
» vous prie de suspendre les effets de votre
» indignation. Je vais ne ménager personne,
» et vous dire la vérité; je vais toucher direc-
» tement le mal, et sans doute l'on criera.....

» Ne vous alarmez point pour les malades,
» s'écria Danton à l'orateur; mettez le doigt
» dans la blessure !....

» Je vais, répondit Louvet, porter le doigt
» jusqu'au vif; mais ne criez pas d'avance.
» Des conspirateurs, continue-t-il, ont formé
» le projet de perpétuer les désordres de la
» république, d'avilir les représentans du
» peuple, de renverser notre liberté, et fon-
» der sur ses débris l'autorité d'un dictateur :
» l'origine de cette conspiration détestable
» remonte à l'époque du mois de janvier der-
» nier; c'est alors que l'on vit les galeries
» des Jacobins composées d'une centaine de
» spectateurs, dont on étoit sûr d'avance de
» recueillir les applaudissemens ; c'est alors
» qu'on soupçonna Robespierre, l'orgueilleux
» Robespierre, d'être le chef d'un parti ; et la
» conduite qu'il a constamment tenue depuis,
» n'a que trop justifié ces soupçons, et prouvé

B 2

» que cet ambitieux s'étoit formé un systême
» de désorganisation, par lequel il croyoit
» arriver au souverain pouvoir.

» La révolution mémorable du 10 août ap-
» partient à Paris. Robespierre et son parti
» ont voulu s'en approprier l'honneur, la faire
» tourner à leur profit ; ils ont osé dire qu'elle
» n'étoit due qu'à eux.... Qu'à vous, conjurés
» perfides ! c'est la journée du 2 septembre
» qui vous appartient sans partage : oui,
» celle-là est bien à vous, n'est qu'à vous !
» Le peuple de Paris sait combattre, mais
» il ne sait pas assassiner. Demandez au
» corps législatif que vous avez avili, que
» vous avez insulté, et auquel même vous
» avez prétendu dicter des lois.... »

Ici plusieurs députés s'écrient : « Oui, oui,
» il a raison » ! L'un d'eux, Lacroix, monta à
la tribune, et attesta solemnellement que
Louvet disoit la vérité. Robespierre voulut
articuler quelques mots ; mais plusieurs voix
lui crierent : « A la barre, c'est là que tu dois
» parler » !

Le calme s'étant rétabli, Louvet continua
ainsi :

« Robespierre, je t'accuse d'avoir calomnié
» les meilleurs patriotes, dans un temps où

» les calomnies étoient de véritables proscrip-
» tions.

» Je t'accuse d'avoir, autant qu'il étoit en
» toi, avili la représentation nationale.

» Je t'accuse de t'être produit comme un
» objet d'idolatrie ; d'avoir souffert qu'on dise
» que tu étois le seul homme vertueux de la
» république, et de l'avoir dit toi-même.

» Je t'accuse d'avoir tyrannisé l'assemblée
» électorale.

» Je t'accuse d'avoir marché au rang suprê-
» me, par tous les moyens possibles ».

Dans la séance suivante, on revint à la
charge contre Robespierre. « Il ne suffit pas,
» s'écria Barbaroux, aux dictateurs, aux
» triumvirs, aux tribuns, de décrier les plus
» zélés, les plus sincères patriotes de la con-
» vention ; ils veulent se mettre au-dessus de
» toute autorité, en s'attribuant l'honneur de
» la révolution du 10 août. Il faut enfin leur
» arracher le masque. Au 10 août, où étoit
» Robespierre? à l'abri de tous dangers, il fo-
» mentoit dans l'ombre de lâches intrigues.
» Il dit avoir sauvé la chose publique ; mais
» étoit-il à Charenton, lorsque nous y signâ-
» mes le plan de conjuration contre la cour,
» qui devoit être exécuté le 29 juillet, et qui
» n'eut lieu que le 10 août ?   B 3

» Parisiens , Marseillois et Bretons , je vous
» interpelle : Vous étiez au Carrousel le 10
» août. Y avez-vous vu un seul de ceux qui
» se vantent d'avoir fait la révolution du 10
» août ? Non , non, sans doute, Parisiens, ils
» n'y étoient pas ; mais ils étoient dans les
» prisons le 2 septembre , et vous n'y étiez
» pas : vous ne savez pas assassiner ».

Voici de quelle manière Robespierre répondit à ces diverses accusations.

« On m'accuse , dit-il , de partager je ne
» sais quels crimes de Marat. Je ne lui ai
» jamais rendu qu'une visite , dans laquelle,
» après s'être étendu sur la situation présente
» de la France , il me reprocha de n'avoir ni
» les vues , ni l'audace d'un homme d'Etat.
» Il m'a souvent accusé de modérantisme ,
» pour n'avoir pas ouvertement provoqué le
» renversement de la détestable constitution
» de la première assemblée. En un mot, ja-
» mais aucun lien d'intérêt , ni aucun pen-
» chant naturel , ne m'a uni avec l'Ami du
» Peuple....

» Accusateur public sous un régime cor-
» rupteur , et payé par le peuple pour exercer
» mes fonctions , je suis rentré dans la vie
» privée que je chérissois.

» Je suis accusé d'avoir été l'instigateur de
» la journée du 2 septembre. Je ne l'ai jamais
» fomentée ; je n'ai même jamais approuvé
» les scènes qu'elle a éclairées. Tout mena-
» çoit notre liberté mal affermie, et son trône
» chancelant étoit sur le point de voler en
» éclats. Un homme, Danton, réveille le cou-
» rage dans tous les esprits, communique un
» mouvement électrique aux législateurs et
» au peuple, montre le précipice, désigne les
» coupables qui le creusoient ; on courut aux
» armes, et la Patrie fut sauvée.

» La sûreté générale bannissoit alors ces
» calculs froids et méthodiques que le légis-
» lateur doit employer dans le calme, lors-
» qu'il gouverne un peuple qui n'est pas lui-
» même agité. Il faut envelopper les parti-
» sans dans la ruine du parti, et ne pas s'ar-
» rêter à des considérations soporifiques,
» lorsqu'on ne peut risquer que la perte inu-
» tile d'une victime innocente.

» Vous prétendez que la folle ambition d'é-
» lever ma fortune et d'avilir les pouvoirs
» constitués, a pu m'égarer un instant. Hom-
» mes, autant absurdes dans vos déclama-
» tions, que perfides envers cette liberté sa-
» crée à laquelle vous avez l'air de prodiguer

» votre encens, sachez qu'il n'est pas plus
» possible d'avilir la divinité que l'on blas-
» phême, qu'il est possible au sauvage asiati-
» que d'obscurcir le soleil dont il outrage la
» lumière.

» Un mot, fût-il sorti de ma bouche, mais
» prononcé au milieu de la chaleur des pas-
» sions, quand on s'oublie pour sauver sa pa-
» trie, ne peut décider le jugement d'une as-
» semblée que la justice doit toujours guider.
» Cependant, si ma mort peut calmer l'ai-
» greur funeste des partis, faire évanouir les
» espérances des ennemis de l'Etat, cimenter
» le bonheur de ma patrie, je suis prêt à
» m'accuser moi-même, et à porter ma tête
» sous le glaive qui ne tranchera qu'une vie
» fragile, pour m'en assurer une qui ne périra
» jamais ».

Ce discours, dans lequel Robespierre dévoila, pour la première fois, cette politique
infernale qui lui fit égorger tant d'innocens,
excita une vive fermentation dans l'assemblée. Des cris tumultueux demandoient son
supplice et celui de ses complices, lorsque
Barrere s'écria : « Je ne trouve point dans
» les accusés cette vaste conception, ces
» moyens puissans qui enfantent les grands

» conspirateurs et demandent l'attention du
» gouvernement ; je suis d'avis qu'en passant
» à l'ordre du jour, on les replonge dans cette
» obscurité dont leur audace les avoit retirés ».

L'avis de Barrere fut suivi, et Robespierre n'en devint que plus cher à son parti.

Robespierre n'avoit pas une ame assez forte pour avoir conçu l'idée de devenir le tyran de la France, sous le nom de dictateur. Cette idée lui avoit été inspirée par son parti, et il suivit les conseils de sa faction, sans se rendre compte ni de la nature des espérances dont on le berçoit, ni des moyens qu'il faudroit employer pour les réaliser. Ce fut sans combinaisons savantes, et sans aucuns calculs politiques, qu'il marcha à la tyrannie. Dès le mois de février 1793, sa puissance commençoit à devenir formidable, et l'on remarqua depuis que chaque pas qu'il faisoit vers l'autorité suprême, étoit marqué par une calamité. Chaque fois en effet qu'il essayoit son autorité, les assassins redoubloient d'audace, et la capitale se remplissoit de troubles.

Des brigands pillerent les épiciers les 25 et 26 février. Les libellistes dévoués au parti de Robespierre, avoient provoqué ce bri-

gandage par des placards incendiaires. Les
épiciers porterent léurs plaintes à la convention : la faction de Robespierre les accueillit
avec des huées et des insultes ; elle demanda
même qu'au lieu de leur accorder la juste
indemnité qui leur étoit due , ils fussent condamnés à restituer tout ce qu'ils avoient ga-
gné injustement. Robespierre , suivant son
usage ordinaire, ne se mit point en évidence
pendant la durée de cette insurrection ; mais
il se plaignit à ses confidens de ce que, par
le peu d'énergie des exécuteurs qu'ils avoient
mis en œuvre, elle n'avoit pas produit ce
qu'il en avoit attendu.

Dans le mois suivant , il se fit un changement qui fixa l'attention des observateurs.
On ne vit pas , sans étonnement , que la faction d'Orléans et celle de Robespierre agis-
soient de concert : le premier tenoit dans son
palais des conciliabules nocturnes avec les
affidés de Robespierre ; il faisoit avec eux
des orgies ; il vendoit ses effets les plus précieux ; ses émissaires parcouroient les fauxbourgs, remplissoient les cabarets , distri-
buoient des assignats , et l'on annonçoit sans
mystère, dans la plupart des groupes, qu'on
alloit voir éclorre un événement , qui termineroit la révolution.

Dans cette occasion , comme dans bien d'autres , d'Orléans fut la dupe de la faction de Robespierre : celle-ci lui persuada qu'elle vouloit l'élever sur le trône. Philippe le crut. On lui présenta l'état des sommes qu'e-xigeoit d'avance le succès de la conjuration ; il les donna. En attendant l'exécution du complot , on ne parloit que de sonner le tocsin , de battre la générale , de tirer le canon d'alarme, de faire un nouveau car-nage des prisonniers. L'effroi étoit univer-sel ; à l'heure convenue , les conjurés se ren-dent chez Philippe, et lui disent que l'exécu-tion du projet n'est pas sans péril ; que quel-qu'effort qu'on ait pu faire , la masse du peuple reste inébranlable ; que la majorité de la convention n'est point encore assez abattue par la terreur , et que son pouvoir est redoutable. Philippe ne sait que résoudre ; il tremble , il pâlit, il s'évanouit. Les conju-rés l'abandonnent , et se servent pour leur propre compte des sommes qu'ils en ont re-çues.

Pendant les mouvemens orageux qu'on se proposoit d'exciter dans la journée du 10 mars, on devoit écraser ceux des députés qui avoient eu quelque part aux accusations portées contre Robespierre six mois auparavant : mais des mesures mal concertées s'opposerent à l'exécution du complot ; elle fut donc remise à un autre moment.

La faction de Robespierre fit une nouvelle tentative le 31 mai suivant, pour immoler ceux des collegues de ce scélérat qui ne partageoient pas ses opinions. Des symptômes effrayans annoncerent et accompagnerent cette journée.

On a assuré dans le temps, qu'on avoit creusé dans le cimetière de Clamart deux fosses profondes qui étoient destinées à recevoir les victimes qu'on se proposoit d'égorger, et surtout les députés proscrits par Robespierre.

Ce jour-là et le précédent, les divers comités révolutionnaires arrêterent un nombre considérable de particuliers.

Un citoyen ayant reçu ordre de se rendre dans un comité révolutionnaire, conçut, non sans raison, le plus grand effroi des suites qu'auroit cet ordre. Il dit à ceux qui se présenterent : « Vous êtes des scélérats ; je vous connois : vous venez me chercher pour m'égorger, et voler ensuite mon bien ; mais du moins vous ne serez pas mes bourreaux ». Après avoir dit ce peu de mots, il tira de sa poche un pistolet , et se brûla la cervelle.

Les conjurés firent fermer les barrières le 31 mai , et toute communication fut interceptée. On fit des visites domiciliaires dans toutes les maisons. Un nombre infini de citoyens fut traîné dans les prisons.

Cent mille hommes armés assiégerent la convention. On établit à ses portes des grils pour chauffer les boulets. Le commandant de la garde nationale lut à l'assemblée une liste des députés que Robespierre avoit proscrits, et déclara qu'il ne retireroit ses troupes que quand on les auroit remis entre ses mains. Sur le refus de la convention , il cria aux armes. Mais soit que toute cette machination eut été mal ourdie , soit que les conjurés n'eussent pas assez d'énergie pour consommer leur projet , soit qu'on n'eût voulu qu'effrayer la convention, on se borna à ces seules violences, et Robespierre se plaignit encore de ce que cette journée avoit été perdue pour lui. Le premier effet du mécontentement de son parti, fut la destitution du commandant de la garde nationale , et la promotion de Henriot à cette place.

Pendant le mois de juin on ne parloit que de pillages. Les bateaux qui arrivoient pour

l'approvisionnement de la ville étoient arrêtés. Des scélérats, que Henriot soutenoit,
voloient les provisions que les négocians des
départemens envoyoient à Paris.

Toutes les nuits on rencontroit dans les
rues des gens armés qui enfonçoient les portes, pour enlever les infortunés proscrits par
Robespierre. On trembloit pour soi, pour
ce qu'on avoit de plus cher. Quand deux parens, quand deux amis se rencontroient le
lendemain, ils s'étonnoient de se revoir et
d'être libres.

Le comité de salut public, qui est devenu depuis si redoutable, étoit encore dans
son enfance. On suivoit alors les premières
formes de son établissement. Ses membres
étoient renouvelés tous les mois, et leurs
opérations étoient soumises à l'approbation
de la convention. Les principes de cette ins-
titution furent anéantis aussitôt que Robespierre en fut nommé membre. Ce monstre
remplit d'effroi toutes les ames, et plongea
la convention elle-même dans la stupeur. Le
comité profita de cette funeste influence pour
parvenir à se perpétuer non-seulement dans
l'autorité qui lui avoit été confiée, mais encore à se rendre indépendant de la convention.

Il dédaigna plus d'une fois de soumettre le résultat de ses travaux à la délibération de l'assemblée générale. Ses arrêtés étoient affichés, promulgués, et avoient force de lois. Il envoya dans les départemens des proconsuls avec une autorité illimitée, qui ne relevoient que de lui seul.

L'empire effroyable que Robespierre exerçoit sur ces proconsuls, est attesté par une foule de preuves. Parmi les monumens de sa funeste influence sur tous les crimes qui se commettoient dans l'étendue de la France, nous citerons les fragmens de la correspondance de Collot - d'Herbois, pendant que ce dernier faisoit *mitrailler* les habitans de Lyon.

Nous vous envoyons, écrivoient les proconsuls de Lyon, le buste de *Chálier* et sa tête mutilée, telle qu'elle est sortie, pour la troisieme fois, de dessous la hache de ses féroces meurtriers. *Lorsqu'on cherchera à émouvoir votre sensibilité, découvrez cette téte sanglante aux yeux des hommes pusillanimes, et qui ne voient que des individus;* rappelez-les par ce langage énergique à la sévérité du devoir et à l'impassibilité de la représentation nationale; c'est la liberté qu'on a voulu assassiner en immolant *Châlier* ; ses bourreaux en ont fait l'aveu avant de tomber sous le glaive de la justice : on a entendu de leur propre bouche, qu'ils mouroient pour leur roi, qu'ils vouloient lui donner un successeur.

Jugez de l'esprit qui animoit cette ville corrompue ; jugez des hommes qui la maîtrisoient par leur fortune ou par leur pouvoir ; jugez si on peut accorder impunément un sursis : *point d'indulgence*, citoyens collegues, point de délai, point de lenteurs dans la punition du crime, si vous voulez produire un effet salutaire ; les rois punissoient lentement, parce qu'ils étoient foibles et cruels ; la justice du peuple doit être aussi prompte que l'expression de sa volonté ; nous avons pris les moyens efficaces pour marquer sa toute-puissance de manière à servir de leçon à tous les rebelles.

Nous ne vous parlerons pas des prêtres, ils n'ont pas le privilége de nous occuper en particulier, nous ne nous faisons point un jeu de leurs impostures ; ils dominoient la conscience du peuple, ils l'ont égaré, ils sont complices de tout le sang qui a coulé, leur arrêt est prononcé.

Nous saisissons chaque jour de nouveaux trésors ; nous avons découvert chez *Tolosan* une partie de la vaisselle cachée dans un mur. Il y a beaucoup d'or et d'argent que nous vous enverrons successivement.

Il est temps de prendre une mesure générale, si vous voulez empêcher ces métaux de sortir de la république. Nous savons que des agioteurs sont accourus dans le département de la Nievre, dès qu'ils ont appris que l'or et l'argent y étoient méprisés. Ne souffrez pas qu'un des plus beaux mouvemens de la révolution tourne contre elle ; ordonnez que ces métaux seront versés dans le trésor public, et décrétez que le premier individu qui cherchera à les faire passer chez l'étranger, sera fusillé au lieu même où il sera saisi.

Dans une lettre écrite par Collot, à Duplay, l'hôte de Robespierre, Collot lui marquoit : Ami et frère, voilà de bonnes choses qui me viennent de toi toutes à la fois, des nouvelles de toi, des tiens, le discours de Robespierre et l'assurance qu'il se porte bien. Tout cela est bien bon. Dis-lui, je te prie, de nous écrire aussi : *nos frères JACOBINS vont à merveille, une lettre de lui leur fera grand plaisir et sera d'un bon effet.* Nous avons remonté ici, non pas l'esprit public, car il est nul, mais le courage, mais le caractère de quelques hommes qui ont de l'énergie, et d'un certain nombre de patriotes trop long-temps opprimés. *Nous les avons tirés de la tié-deur où de faux principes et des idées de modé-ration, salutaires aux conspirateurs à la vérité, mais cruelles et fatales à la république, les avoient entraînés.* Nous avons ranimé l'action d'une justice républicaine, c'est - à - dire, prompte et terrible comme la volonté du peuple. Elle doit frapper les traîtres *comme la foudre, et ne laisser que des cendres ; en dé-truisant une cité infâme et rebelle, on conso-lide toutes les autres.* En faisant périr les scé-lérats, on assure la vie de toutes les géné-rations des hommes libres. *Voilà nos princi-pes. Nous démolissons à coup de canon et avec l'explosion de la mine, autant qu'il est possi-ble.* Mais tu sens bien qu'au milieu d'une po-pulation de cent cinquante mille individus, ces moyens trouvent beaucoup d'obstacles. *La hache populaire faisoit tomber vingt têtes de conspirateurs chaque jour, et ils n'en étoient pas effrayés. Précy* vit encore, et son influence se faisoit sentir de plus en plus chaque jour.

Les prisons régorgeoient de ses complices. *Nous avons créé une commission aussi prompte que peut l'être la conscience de vrais républicains qui jugent des traîtres. Soixante-quatre de ces conspirateurs ont été fusillés hier, au même endroit où ils faisoient feu sur les patriotes ; deux cent trente vont tomber aujourd'hui dans les fossés où furent établis ces redoutes exécrables qui vomissoient la mort sur l'armée républicaine.* Ces grands exemples influeront sur les cités douteuses. Là, sont des hommes qui affectent une fausse et *barbare* sensibilité ; la nôtre est toute pour la patrie. Ceux qui nous connoissent sauront apprécier notre dévouement. Je ferai insérer le discours de Robespierre dans *nos* journaux. J'ai vu avec indignation le détail de ces manœuvres tendantes à diviser les vrais patriotes ; mais les fourbes ni les intrigans ne nous diviseront pas. Tous ceux qui ont traversé la révolution d'un pas ferme, fidèles aux principes, à leurs devoirs, sont liés inséparablement. C'est l'amour de la patrie qui a cimenté la loi fraternelle qui réunit les cœurs. Nous approchons du but et nous arriverons ensemble. Présente l'assurance de mon amitié franche, inaltérable, à ta républicaine famille ; *serre, en mon nom*, *la main de Robespierre*. Bon citoyen, heureux père, ton jeune fils, déjà fort des principes dont il est nourri, recueillera un bel héritage et saura le conserver. La citoyenne *Lebas* doit être bien contente de ce qu'a fait son mari. Qu'il y a de satisfaction pour des républicains à bien remplir leurs devoirs !

Dans une autre lettre écrite par les proconsuls, envoyés à Lyon, ils s'exprimoient ainsi :

Nous poursuivons notre mission avec l'énergie des républicains qui ont le sentiment profond de leur caractère ; nous ne le déposerons point, nous ne descendrons pas de la hauteur où le peuple nous a placés, pour nous occuper des misérables intérêts de quelques hommes plus ou moins coupables envers la patrie.

Nous avons éloigné de nous tous les individus, parce que nous n'avons pas de temps à perdre, point de faveur à accorder ; nous ne devons voir et nous ne voyons que la république, que vos décrets qui nous commandent de donner un grand exemple, une leçon éclatante ; nous n'écoutons que le cri du peuple qui veut que tout le sang des patriotes soit vengé une fois d'une manière prompte et terrible, pour que l'humanité n'ait plus à pleurer de le voir couler de nouveau.

Convaincus qu'il n'y a d'innocent, dans cette infâme cité, *que celui qui fut opprimé ou chargé de fers par les assassins du peuple; NOUS SOMMES EN DEFIANCE CONTRE LES LARMES DU REPENTIR, rien ne peut désarmer notre sévérité ; ils l'ont bien senti ceux qui viennent de vous arracher un sursis en faveur d'un détenu.*

Nous sommes sur les lieux, vous nous avez investis de votre confiance, ET NOUS N'AVONS PAS ÉTÉ CONSULTÉS.

Nous devons vous le dire, citoyens collegues, L'INDULGENCE *est une foiblesse dangereuse*, propre à alarmer les espérances criminelles au moment où il faut les détruire : on l'a provoquée envers un individu, on la provoquera envers tous ceux de son espece, afin de rendre illusoire l'effet de votre justice : on n'ose pas *vous demander le rapport de votre premier décret sur l'anéantissement de la ville de Lyon, mais on n'a presque rien fait jusqu'ici pour l'exécuter.* LES DÉMOLITIONS SONT TROP LENTES, *il faut des moyens plus rapides à l'impatience républicaine,* L'EXPLOSION DE LA MINE ;

etc. , L'ACTIVITÉ DÉVORANTE DE LA FLAMME PEUVENT SEULES EXPRIMER LA TOUTE - PUISSANCE DU PEUPLE ; *sa volonté* ne peut être arrêtée comme celle des tyrans , *elle doit avoir l'effet du tonnerre.*

Dans une lettre confidentielle Collot disoit à Robespierre :

    Mon collegue , *mon ami* ,

Les craintes pour la chose publique souffrante , qui m'ont décidé à venir ici sur ton invitation , n'étoient point vaines. Nous n'avions pas la mesure des dangers et encore moins des obstacles , quels que grands que nous les supposions. La volonté et les intentions en trouvent d'incroyables ; il faut les surmonter. Mais quand on prononce des mesures révolutionnaires , quand on veut leurs succès , les détails immenses et inattendus que ne peut négliger un représentant du peuple , dissipent un temps précieux et consument des forces nécessaires. Je n'ai pas cru , mon ami , me trouver ici commissaire de l'armée des Alpes , administrateur de cinq ou six départemens à la fois ; je n'ai pas cru avoir à créer tous les mouvemens , toutes les actions nécessaires à forger tous les instrumens , et cependant il a fallu s'en occuper.

Point ici de subsistance , point d'autorités
agissantes ; les ordres du comité de salut public mal compris. Un jour la garnison épui-
sée , le lendemain trois fois trop abondante
par des levées de la première réquisition ,
qui n'étoient seulement pas annoncées ; les
fabriques d'armes inactives , d'autres à transférer ; point d'hôpitaux fixes ; *le systéme de
l'indulgence établi par les patriotes , soutenue
par un décret de la Convention du* 20 *brumaire ,
affiché ici avec affectation , et envoyé avec
une promptitude qu'on n'a pas ordindirement ;*
les vengeances particulières agitant les comités révolutionnaires établis , à tel point
qu'ils étoient aveugles sur la vengeance publique, et qu'ils ont eu sous les yeux , sans
l'arrêter , pendant un mois , l'accusateur public qui a appliqué la peine de mort au républicain *Châlier* , échappé ensuite quand il a
été poursuivi ; des généraux nouvellement
arrivés , mécontens d'avoir été déplacés d'où
ils étoient ; les anciens , qui d'ailleurs ont
fait le siége avec courage, si peu révolutionnaires , qu'ils ont donné à l'ordre pour
mot de ralliement, *Simonneau* , ne sachant
pas la différence qu'il y a de ce mot de ralliement feuillantin , à celui de *Marat*, pour

de vrais patriotes ; enfin , mon cher Robespierre , l'impuissance même de faire des reproches trop marqués , parce que tous ces
fonctionnaires sont des patriotes persécutés
et intéressans , et les militaires , des hommes
qui ont combattu avec énergie contre les rebelles , n'ayant par conséquent aucune force
par le ralliement , et devant toujours puiser
ses moyens en soi-même : voilà , depuis mon
arrivée , quelle a été ma position. Je ne crois
pas avoir fléchi , quoique souvent ma santé
et mes forces m'aient trahi. *J'ai marché à
grands pas vers les mesures* MÉDITÉES *; en évi-
tant beaucoup de mal d'abord , et en donnant
un plus grand caractère à tous les moyens
employés jusqu'alors. L'armée révolutionnaire
arrive enfin après demain , et je pourrai accomplir* DE PLUS GRANDES CHOSES. Il me tarde que
tous les conspirateurs aient disparu ; l'impatience de la patrie et du peuple souverain
qui la compose , retentit sur tous mes fibres
et dans mon cœur. *Il faut que Lyon ne soit
plus en effet , et que l'inscription que tu as proposée soit une grande vérité ; car jusqu'à présent , bien que nous ayons doublé et triplé les
apparences , ce n'est réellement qu'une hypo-
thèse , et le décret lui-même oppose de grandes
difficultés ;*

difficultés ; IL T'APPARTIENDRA DE LE RENDRE CE QU'IL DOIT ÊTRE, ET D'AVANCE NOUS PRÉPARERONS LES AMENDEMENS. Il faut licencier, faire évacuer cent mille individus travaillant, depuis qu'ils existent, à la fabrique, sans être laborieux, et bien éloignés de la dignité et de l'énergie qu'ils doivent avoir, intéressans à l'humanité, parce qu'ils ont toujours été opprimés et pauvres, ce qui prouve qu'ils n'ont pas senti la révolution. En les disséminant parmi les hommes libres, ils en prendront les sentimens ; ils ne les auront jamais s'ils restent réunis. Tu as trop de philosophie pour que cette idée t'échappe. Nous avons créé deux nouveaux tribunaux pour juger les traîtres ; ils sont en activité à *Feurs :* les deux qui sont ici, ont pris, depuis notre arrivée, plus de force et d'activité. *Plusieurs fois vingt coupables ont subi la peine due à leurs forfaits, le même jour. Cela est encore* LENT pour la justice d'un peuple entier qui doit foudroyer tous ses ennemis à la fois, et NOUS NOUS OCCUPERONS A FORGER LA FOUDRE. Mais crois-moi, *ami,* mesure les difficultés, et pense que *les premiers instans qui devoient accomplir, ayant été perdus ; ce que nous avons fait est beaucoup. Il ne faut pas*

C

*cependant croire que le respectable Couthon mé-
rite aucun reproche ; je répéte que j'admire son
courage.* Mais est-il possible qu'il ne soit pas
trompé dans la situation où il se trouve ! Je
n'ai qu'un regret, c'est de n'avoir pas été alors
avec lui. Je rends justice à mes collegues ;
mais ils étoient fatigués du siége en dehors ;
*et le siége qu'il falloit commencer en dedans,
demandoit des forces nouvelles.* Je crois t'avoir
épanché mon cœur et ma pensée, *mon ami;*
tu sentiras que ce qui a manqué ici, ce sont
les hommes : il en faut pour tous les postes,
et les postes sont nombreux. J'ai beaucoup à
me louer des *jacobins* qui sont partis ; la plupart composent *une commission révolutionnaire
que nous avons créée,* et c'est la seule autorité
qui marche ; elle pousse aussi un peu les autres. *J'aurois desiré aussi quelques FRERES
pour l'administration et pour les bureaux.* Il faut
les qualités analogues ; et j'avois désigné deux
ou trois personnes que je ne vois pas arriver.
Elles devoient s'adresser *à toi* ou *à Billaud-
Varennes pour partir, d'après l'approbation de
la société.* Ils m'avoient été désignés capables *par les jacobins qui sont ici,* et de bonne
volonté. Il falloit aussi un accusateur pour
le tribunal qui restera permanent long-temps.

On m'avoit désigné *Saintexte* ; je le connois peu, ainsi que plusieurs autres désignés ; car les missions et mes constantes occupations ont laissé mon opinion incertaine, ayant été souvent absent de la *société. Rectifie les choix s'ils ne sont pas bons*, mais décides-en, dans ce cas, d'autres à partir. Si j'avois pu demander de nos anciens, je l'aurois fait ; mais ils sont nécessaires à Paris, étant presque tous fonctionnaires. Et cependant, *s'il n'en vient pas*, tous les détails tombent sur nous et nous absorbent. Si *Montaut* ne part pas, faites-en partir un autre. Tu vois que, chargés d'autant d'opérations, cela est nécessaire. *Ecris-nous aussi ; peut-être as-tu tort de ne l'avoir pas fait. Une lettre de toi fera grand effet sur tous nos Jacobins. Ne laisse point passer des rapports tels que celui qui a amené le décret de sursis.* Enfin, mon cher Robespierre, donne-moi de tes nouvelles. Tu sais que tu en avois pris l'engagement. Tu m'as dit qu'il falloit du courage pour accepter cette mission ; je te dis avec franchise que tu avois raison. *Il faut ajouter qu'il faut de la santé. Conserve bien la tienne, elle est précieuse aux républicains, et particulierement à ton constant ami.*

Signé COLLOT-D'HERBOIS.

C =

Communique, je te prie, aux bons patriotes qui t'entourent, mes sentimens d'amitié et de fraternité.

Collot écrivoit ainsi dans le même temps à Couthon :

Je pense qu'enfin, cher collegue et ami, tu es arrivé à Paris, et que tu pourras jouir d'un peu de repos. Tu en as grand besoin ; mais obligé de partager les travaux du comité de salut public, en pourras-tu prendre ! c'est ce qui est fort douteux. Au reste, les bonnes opérations reposent, et c'est-là le seul loisir qui soit en quelque sorte permis aux vrais patriotes. *Tu m'as parlé de l'esprit public de cette ville ; penses-tu qu'il puisse jamais y en avoir ? Je crois la chose impossible. IL Y A SOIXANTE MILLE INDIVIDUS qui ne seront jamais républicains. Ce dont il faut s'occuper, c'est DE LES LICENCIER, de les répandre avec précaution sur la surface de la république, en faisant pour cela les sacrifices que notre grande et généreuse nation est en état de faire. Ainsi DISSÉMINÉS et surveillés, ils suivront au moins le pas de ceux qui marcheront avant ou à côté d'eux. Mais réunis, ce seroit pendant bien long-temps un foyer dangereux et toujours favorable aux ennemis des vrais*

principes. Les générations qui en provien-
droient ne seroient même jamais entierement pures ; car l'esprit d'asservissement et
l'absence de l'énergie seroient héréditaires,
si l'éducation n'y remédioit ; et les peres
étant insensibles à leur propre dignité, comment seroient - ils jaloux de l'éducation de
leurs enfans ? Cela est déplorable. C'est à la
mere patrie à tenter tous les moyens pour
opérer la régénération de ce grand nombre
d'individus, qui pourroient distribuer leur
industrie à son avantage, et la payer ainsi
de ce qu'elle a fait pour eux. *Il t'appartient,
Couthon, de développer ces idées ; j'en ai déja
parlé à Robespierre* ; CONCERTE-TOI AVEC LUI
POUR FINIR LE DÉCRET CONCERNANT CETTE
COMMUNE, QUI NE PEUT SUBSISTER SANS DAN-
GER. LA POPULATION LICENCIÉE, IL SERA FA-
CILE DE LA FAIRE DISPAROITRE, *et de dire
avec vérité :* LYON N'EST PLUS. Il est plus ur-
gent que jamais d'user d'une grande sévérité ;
aussi allons-nous la déployer. On a essayé
d'exciter de nouveaux mouvemens dans l'armée, et dans le très - grand nombre d'ouvriers occupés aux démolitions. Tu n'as jamais cru que *Préci* fut mort ; le commissaire de l'armée des Alpes nous a assuré

qu'il étoit à Lauzane. Nous avons beaucoup
travaillé, et nous sommes encore loin d'appercevoir même l'espace compris dans notre
tâche. Je sais que *Laporte* t'a demandé de le
faire revenir. Il étoit bien fatigué, et nous
avons été les premiers à le solliciter d'aller
se reposer. Il a été quinze jours à la campagne. Mais il nous est bien nécessaire. Il
va bien avec nous ; et à moins que vous ne
le remplaciez, avant qu'il parte, par un
montagnard vigoureux au travail, et d'un
grand caractère, la chose publique en souf-
friroit. *Fouché* et moi nous succombons.
Albite et *Châteauneuf - Rendon* ne pourront
être bien utiles qu'à l'armée, *Simon* et *Dumas* étant partis. Ici, il y a une complexité
d'opérations qui occupent au moins trois
hommes qui travaillent seize heures par jour,
bien accordés sur les faits et les principes,
et sans se quitter. Toutes les opérations du
Midi reviennent à nous par contre-coup. Les
subsistances prennent un temps considérable.
Les séquestres, l'organisation du tout, la
surveillance de cinq à six départemens, telle
est la besogne journaliere, et je ne parle pas,
tu le vois, *des mesures révolutionnaires qui
sont continuellement méditées, mises en action;*

qui doivent CONSOMMER LE GRAND ÉVÉNEMENT DE LA DESTRUCTION DE CETTE VILLE REBELLE, *et l'anéantissement de tous les traîtres.* Je t'embrasse, *respectable ami;* reçois l'assurance de mon éternel et fraternel attachement.

Collot marquoit peu de jours après au comité de salut public :

La ville est soumise, comme on vous l'a dit, mais non pas convertie. Les sans-culottes laborieux, amis naturels de la liberté, n'y voient pas encore clair ; il y en a au moins soixante mille. Ils souffroient beaucoup pendant le siège ; ils sentent qu'ils sont délivrés et soulagés, mais voilà tout. Il faut les animer pour la république. L'aristocratie obscure reve à tous les moyens de se tirer d'affaire. Les contre-révolutionnaires arrêtés frémissent de rage et attendent leur jugement. Ceux qui ne sont pas arrêtés sont errans ou cachés. Ils ont usé de plusieurs déguisemens pour fuir : l'organisation, toute imparfaite qu'elle est, des autorités surveillantes et administrantes, est ce qui doit avoir donné le plus de peine à nos collegues, les hommes sûrs étant excessivement rares. *La démolition alloit lentement,* ils étoient beaucoup pour gagner leur journée et ne rien faire : *la commission militaire a trop souvent employé, à juger ceux contre lesquels elle n'a pas trouvé de preuve, et qu'elle a élargis, des momens dont chacun devoit être un jugement terrible prononcé contre les coupables. Elle en a fait fusiller plusieurs. Le* TRIBUNAL VA PLUS FERME ; *mais sa marche est* LENTE : *il a encore peu opéré.*

La population actuelle de Lyon est de cent trente mille ames, au moins ; il n'y a pas de subsistances pour trois jours.

Le général *Dours* voulant entrer dans vos intentions pour le siége de Toulon, s'est dégarni au point qu'il ne reste pas ici trois mille hommes de garnison effective ; elle est véritablement insuffisante. *Pressez le départ du détachement de l'armée révolutionnaire. L'esprit public est nul et toujours prêt à tourner en sens contraire de la révolution. Les exécutions même ne font pas tout l'effet qu'on en devoit attendre. La prolongation du siége, et les périls journaliers que chacun a courus, ont inspiré une sorte d'indifférence pour la vie, si ce n'est tout-à-fait le mépris de la mort. Hier, un spectateur revenant d'une exécution, disoit : cela n'est pas trop dur ; que ferai-je pour être guillotiné ? Insulter les représentans ! Jugez com-*

bien de telles dispositions seroient dangereuses dans une POPULATION ÉNERGIQUE. Voilà l'état des choses.

De nouvelles visites domiciliaires ont fini ce soir. Il en est résulté de nouvelles arrestations, et 3000 fusils de plus. Le nombre de ceux qui sont rentrés étant actuellement de 9000, une immense quantité est au fond des rivieres ; on en a trouvé dans des puits. On recouvrera tout ce qui sera possible. *La mine va accélérer les démolitions, les mineurs ont commencé à travailler aujourd'hui. Sous deux jours les bâtimens de Bellecourt sauteront. J'irai de suite par tout où le moyen sera praticable envers les bâtimens proscrits. Les accusateurs publics vont marcher plus rapidement, le tribunal a commencé, hier, à aller par trois dans un jour. Les JACOBINS arrivés seront employés utilement. Enfin, je me concerterai pour des mesures nouvelles, grandes et fortes.* Mais, citoyens collegues, pas de vivres pour deux jours : voilà ce qui retarde, distrait et dérange tout. J'ai pris, envers les départemens voisins, des arrêtés pressans, comme membre et d'après les intentions du comité de salut public, pour ne pas être gêné par les autres réquisitions, qui toutes se croisant, nous font périr au milieu de nos ressources : je compte sur votre approbation. Pressez *Montaut* de partir, je vous en prie. Il est convenu que *Laporte* ira se reposer une décade à la campagne, dès que *Fouché* sera arrivé, et *Laporte* en a besoin. Les fatigues qu'ils ont eues sont infinies : les miennes disparoissent, lorsque je songe que *Couthon* en a supporté de plus grandes. Mais j'étois malade en partant, je n'ai pas dormi depuis mon arrivée; je crains que ma santé et mes forces ne me trahissent, faites partir *Montaut*.

Albitte étoit parti d'ici la veille de mon arrivée. Le courrier dépêché vers lui, par vous, le 8 du courant, a été jusqu'à Toulon, et en est revenu sans le rencontrer. Je l'ai remis en course après lui avec ses dépêches ; mais il ne le rencontrera qu'à Toulon, et *Albitte* ne reviendra probablement ici qu'après avoir examiné ce qui s'y passe. Le général *Dours* vous rendra compte, m'a-t-il dit, de toutes les forces qui sont parties pour s'y rendre, soit en hommes, soit en artillerie et munitions. Mais là, aussi, les subsistances vont donner de grandes inquiétudes. Fixez, chers collegues, votre attention bien particulierement sur cet objet.

Enfin, un des proconsuls que Robespierre avoit envoyés à Lyon, écrivoit au comité :

Citoyens collegues, la justice a bientôt achevé son cours terrible, dans cette cité rebelle ; il existe encore quelques complices de la révolte lyonnaise, nous allons les lancer sous la foudre : il faut que tout ce qui fit la guerre à la liberté, tout ce qui fut opposé à la république, ne présente aux yeux des républicains que des cendres et des décombres.

C'est sur les tombeaux de l'orgueil révolté et des priviléges oppresseurs, que nous venons de célébrer la fête de l'égalité, et de proclamer sous les voûtes du ciel, votre décret qui brise les chaînes de l'esclavage, et appelle les hommes de toutes les couleurs à la jouissance de la liberté. En vain les tyrans se liguent pour enchaîner les peuples, la nature est plus forte qu'eux, ses lois retentissent dans tous les cœurs, elles agissent d'un pôle à l'autre avec la même énergie ; elles enchaînent tous les êtres que l'univers embrasse dans son immensité.

Un isolement affreux menace les tyrans. Ils comptoient sur le peuple de Lyon, et l'événement prouve ici, comme ailleurs, qu'ils n'avoient pour appui que les prêtres, les nobles et les riches, et tous ceux qui espéroient dévorer avec eux la sueur et le sang des hommes.

C'est calomnier la nature et la révolution, que de croire que la masse du peuple puisse être corrompue; elle fut souvent égarée, mais elle aime la liberté, elle saisit avidement la vérité. Les obstacles que le législateur rencontre dans le bien qu'il veut faire, ne viennent jamais que de ceux qui gouvernent, et qui ont intérêt de calomnier le peuple, et de lui supposer des préjugés pour avoir le droit de le maîtriser plus long-temps.

Dans la fête qui eut lieu hier, nous avons observé tous les mouvemens, nous avons vu le peuple applaudir à tout ce qui portoit un caractere de sévérité, à tout ce qui pouvoit réveiller des idées fortes, terribles ou touchantes. Le tableau qu'offroit la commission révolutionnaire, suivie des *deux exécuteurs de la justice nationale, tenant en main la hache de la mort*, a excité les cris de sa sensibilité et *de sa reconnoissance*.

Nous avons vu ce même peuple pénétré d'un sentiment profond, attendri jusqu'aux larmes à l'aspect du malheur et de la vieillesse, élevés dans un char, escortés et honorés par la représentation nationale.

Ce n'est donc pas sans fondement que nous osons vous annoncer que le peuple de Commune-Affranchie méritera bientôt d'être compté au nombre des enfans de la république, et de rentrer sous ses lois.

Il mérite déja que vous preniez un vif intérêt à tout ce qui le touche. Les égaremens cruels où l'ont plongé ses maîtres, le réduisent aux souffrances, à la privation des premiers besoins de la vie. Vous pouvez les satisfaire aisément : l'opulence qui fut si long-temps et si exclusivement le patrimoine du vice et du crime, est restituée au peuple. Vous en êtes les dispensateurs. Les propriétés du riche conspirateur lyonnais acquises à la république, sont immenses ; elles peuvent porter le bien-être et l'aisance parmi des milliers de républicains.

Ordonnez promptement cette répartition ; ne souffrez pas que des frippons enrichis enlevent dans des ventes scandaleuses les propriétés des sans-culottes, le patrimoine des amis de la liberté.

Le bonheur public est dans votre pensée,

dans vos résolutions, dans vos décrets : ne faites rien à demi ; osez le réaliser en entier.

Après avoir analysé cette horrible correspondance dans son rapport à la convention, le représentant du peuple Courtois s'écrioit : citoyens, jettez vos regards sur les villes commerçantes et nourricières de la République, Arras, Lyon, Nismes, Bordeaux, Brest, Nantes, Orange ; chacune vous offrira des larmes à essuyer, du sang à étancher, des catacombes à fermer : chacune avoit son tribunal révolutionnaire ; chaque tribunal son *Dumas*, son *Fouquier* ; ces tribunaux étoient autant de colonies d'égorgeurs sortis du tribunal de Paris, qui servoit de modèle pour le choix des membres dont on les composoit.

« Hélas ! l'instrument terrible de la mort, construit uniquement pour la punition du crime, s'est reproduit, comme une plante vénéneuse, sur tous les points de la république. Il s'est naturalisé également sous les cieux opposés du nord et du midi ; et l'*Ourse* glacée, et le dévorant *Sirius* pleurent également ses funestes succès.

» Oh ! venez ; pénétrons ensemble, citoyens, à travers les torrens de feux, sous les murs sapés par la hache, et qui semblent, en s'écroulant, menacer nos têtes ; pénétrons dans ces cités autrefois populeuses, veuves d'habitans aujourd'hui ; dans ces nouveaux déserts plus affreux que ceux de *Barca*, ou d'*Oreb*. Les voyez-vous, comme l'hiene acharné sur sa proie, tous ces génies dévastateurs lançant la torche dévorante sur les monumens des arts et du génie! Ils veulent, ces nouveaux *Omar*, qui n'ont conquis ni la Perse, ni l'Egypte, ni la Lybie, faire du Français du dix-huitième siecle, un peuple de barbares, réduits non à la pratique, mais à la lecture *des Droits de l'homme*, comme autrefois les Sarrasins à la science du Coran.

» Jettez avec nous un coup d'œil sur tous ces lâches dilapidateurs des trésors des *Ptolomées - Philadelphes* ; sur toutes ces puissances, ces mauvais principes, ces *Arimanes*, qui se sont disputé, durant une année entière, les lambeaux palpitans de la patrie déchirée. Que furent-ils ? que sont-ils encore ? ces fondateurs de *comités de démolition*, ces créateurs de ruines ! De vils eunuques, blessés de la puissance des puissans.

» C'est la conjuration de la sottise et du

crime, formée contre le génie, contre la vertu. C'est l'insurrection du brigandage, contre le précepte du *tien* et du *mien*. C'est le règne des vengeances et des passions abjectes.

» O Lyon! cité fameuse par ton commerce, quel est ce nouveau *Gengis*, qui, la hache et la foudre à la main, fond sur tes murs, et vient venger l'injure de *Thémugin*! C'en est donc fait, ta ruine est jurée!

» *En détruisant cette ville rebelle,* (écrivoit *Collot*) *on consolide toutes les autres; voilà ses principes! Il ne faut laisser que des cendres; voilà ses projets! Nous démolissons à coups de canon et avec l'explosion de la mine; voilà ses exploits!*

Il tombe à la fin, le voile de l'hypocrite, et c'est lui-même qui le déchire.

» *J'ai trouvé ici le système d'indulgence,* (écrivoit Collot à Robespierre son ami) *soutenu par un décret de la Convention, du 20 brumaire, affiché ici avec affectation.*

» L'armée révolutionnaire arrive *enfin* après demain, et je pourrai accomplir de *plus grandes choses.* Il me tarde que tous les conspirateurs aient disparu.... *Il faut que Lyon ne soit plus, en effet,* et que l'inscription que tu as proposée *soit une grande vérité....* Car jusqu'à

présent ce n'est réellement qu'une hypothè-
se; et le décret lui-même oppose de grandes
difficultés. IL T'APPARTIENDRA *de le rendre ce
qu'il doit être,* ET D'AVANCE NOUS PRÉPARERONS
LES AMENDEMENS ».

Après cette phrase, où *Collot* invoque
l'exercice de la souveraineté de Robespierre,
il ajoute ces mots :

« *Plusieurs fois,* vingt coupables ont subi la
peine due à leurs forfaits , *le même jour.*
Cela est encore *.lent* pour la justice d'un
peuple entier, qui doit *foudroyer* tous ses ennemis à la fois ; et nous nous occupons *à forger la foudre.*

» Ecris-nous (continuoit Collot) : UNE LET-
TRE DE TOI FERA UN GRAND EFFET SUR TOUS
NOS JACOBINS. *Ne laisse point passer de rapports tels que celui qui a amené le décret du
sursis* ».

Le projet de *Colllot* étoit de *disséminer* les
habitans de Lyon sur toute la surface de la
République, pour la détruire plus aisément ;
on n'en peut douter en lisant cette phrase :

« *La population licenciée , il sera facile de la
faire* DISPAROÎTRE, *et de dire avec vérité :* LYON
N'EST PLUS ».

Et cette autre : » Je ne parle point des me-

Cures révolutionnaires qui sont continuellement méditées , mises en action , et qui doivent consommer le grand événement *de la destruction de cette ville rebelle* ».

Quelles idées! quelle furie! il semble que
le monde moral est retombé dans le chaos ;
et ce sont là des législateurs! Ah ! si l'Erèbe
des anciens eût aussi sa législation, elle fut
sans doute et plus conséquente et plus humaine.

On est d'abord tenté de croire, en parcourant ces caractères où respire la stupide férocité , que tous les monstres des forêts avoient
abandonné leur repaire pour faire une irrup-
tion dans nos villes ; ou plutôt , en revenant
à des idées plus naturelles , on apperçoit à
découvert le but de tous ces affreux *niveleurs ,*
qui étoit la ruine du commerce et l'établissement , non d'une égalité de bien-être , mais
d'une égalité de misère dans la république.

Un agent de Robespierre lui marquoit :
» *ma santé ne se rétablit* que parce qu'on guillotine autour de moi ; *tout va bien* , mais tout
ira mieux encore, *parce qu'on a trouvé trop
lent l'expédient de la guillotine , et , sous peu
de jours , les expéditions seront de deux ou trois*

cents à la fois ; du reste les maisons se démolis-
sent à force ».

Le même agent écrivoit à Robespierre : « la
guillotine, la fusillade ne vont pas mal : 60,
80, 200 *à la fois sont fusillés, et tous les jours on
a le plus grand soin d'en mettre de suite en état
d'arrestation, pour ne pas laisser de vide aux
prisons* ».

Achard, le fournisseur de la famille Duplay et de Robespierre, auxquels il envoyoit
bas, huile et savon, déve oppe tous les secrets de sa dégoûtante correspondance; il faut,
disoit-il, qu'on *colonise ce pays,* attendu qu'il
*en coûte quatre cent mille livres, par décade,
pour les* DÉMOLITIONS. Encore des têtes ! et
chaque jour des têtes tombent ! Quelles dé-
lices tu aurois goûté , si tu eusses vu avant-
hier cette justice nationale de deux cent neuf
scélérats ! ..... Quel ciment pour la république ! *En voilà déja plus de cinq cents, encore
deux fois autant y passeront sans doute ,et puis
ça ira.* »

On voit par les fragmens que nous venons de citer de cette épouvantable correspondance, combien les agens que Robespierre envoyoit dans les départemens , lui
étoient dévoués.

Ceux qui entouroient Robespierre à la Convention et aux Jacobins, ne lui étoient pas moins dévoués. Pour lui plaire, Bazire demanda et obtint un décret qui déclara que, jusqu'à la paix, la France seroit en révolution; c'est-à-dire, dans cet état de souffrance où personne n'est sûr ni de sa fortune, ni de sa liberté, ni de sa vie.

Chaumette, procureur de la commune, vint alors demander à la convention qu'il fut créé une armée révolutionnaire, qui traîneroit à sa suite une guillotine; qu'il fut permis aux comités révolutionnaires d'arrêter les personnes qu'ils jugeroient suspectes; qu'il fut accordé aux membres de ces comités un traitement, et quarante sols par séance aux indigens, c'est-à-dire, aux soldats de Robespierre, qui assisteroient aux assemblées des sections. Ces demandes furent converties en motion par Billaud de Varennes, membre du comité de salut public. Bazire et Danton appuierent la motion, et ces diverses demandes furent décrétées. Quelques jours après, parut le décret qui ordonna l'arrestation des gens suspects, et par la définition qu'il donnoit de ce qu'il falloit entendre par un homme suspect, il n'y avoit personne qu'on ne pût ranger dans cette classe proscrite.

L'exécution suit de près cette horrible loi. Tout citoyen qui n'est pas de la faction de Robespierre, tremble pour son salut. Voyant l'ascendant qu'il avoit sur la Convention, Robespierre lui fait demander l'arrestation de cent seize de ses membres. Billaud de Varennes veut qu'on vote par appel nominal sur cette proposition, afin que les députés qui oseront voter en faveur des cent seize proscrits, soient eux-mêmes mis en arrestation. Mais Robespierre, que la lenteur de cete formalité importune, s'oppose vivement à la demande de Billaud de Varennes ; et les cent seize députés sont décrétés d'accusation en un instant, par la méthode ordinaire de recueillir les voix par assis et levé.

On se rappelle que d'Orléans, devenu suspect, fut arrêté et conduit à Marseille. Pendant la captivité de ce scélérat, Robespierre s'occupa d'écraser ses complices. Lorsqu'il vit la faction de d'Orléans totalement affoiblie, il fit revenir le ci-devant prince à Paris pour le faire guillotiner.

Après l'exécution de d'Orléans, Robespierre sembla redoubler d'activité pour consolider le regne de la terreur. Sur la demande de Saint-Just, il fit rendre un décret qui déclara, pour

la seconde fois, que le gouvernement reste-
roit en état de révolution jusqu'à la paix.

Tous les étrangers furent arrêtés sur la demande de Saint-Just, qui fit rendre un décret, portant qu'ils seroient déposés dans des
maisons d'arrêt.

Robespierre impatient de ce que les bourreaux n'avoient pas assez d'occupation, fit
décréter que le président du tribunal révolutionnaire pouvoit terminer les débats toutes
les fois que les jurés déclareroient que leur
conscience étoit suffisamment éclairée.

Pendant qu'on exécutoit ces différens sys-
têmes de cruauté, on fut témoin des folies
les plus scandaleuses. Bazire proposa d'abord,
pour établir parfaitement l'égalité entre tous
les citoyens, d'ordonner qu'ils seroient tenus
de se tutoyer ; mais la Convention se borna
à une simple invitation. On aura peine à le
croire, cette invitation qui n'avoit aucun des
caracteres d'une loi, servit de prétexte aux
agens de la tyrannie, pour traiter comme
suspects, et comme ennemis de la république, tous ceux qui ne tutoyoient pas leurs
concitoyens.

L'évêque de Paris, Gobel, donna l'exemple d'un scandale qui inspira pour lui le plus

profond mépris. Il vint déclarer à la barre de la Convention qu'il n'avoit été, pendant toute sa vie, qu'un imposteur. L'aposta-sie de Gobel eut des imitateurs dans toute la France, et elle donna lieu à ces fêtes ridi-cules, à ces processions où des prostituées furent promenées en triomphe sous le nom de déesses de la raison. Ces farces durerent plusieurs mois. Robespierre étoit tout puis-sant alors ; il n'avoit qu'à dire un mot pour faire cesser tous ces désordres. Il garda le silence ; on doit en conclure qu'il approu-voit en secret tous les excès qu'on se permit dans ces circonstances.

Pendant que la France entiere gémissoit sous la plus affreuse tyrannie, veut-on con-noître la vie privée du tyran et de ses com-plices ; qu'on lise les causes secrètes de la ré-volution, par Villate ; on y verra avec quel sang-froid barbare ces monstres s'excitoient mutuellement au carnage.

Nous nous bornerons à citer quelques traits qui dévoileront toute la férocité du carac-tere du tyran et de ses complices.

« J'étois un jour, dit Villatte, avec Bar-rere au comité. Nous lisions ensemble cette superbe tirade de Mahomet :

Chaque peuple à son tour, a brillé sur la terre, etc.

» Robespierre paroît : Barrere ferme la piece avec embarras. Robespierre semble se rappeler d'avoir entrevu quelque part ma figure, il demande : *quel est ce jeune homme ?* Il est des nôtres, répond Barrere : *c'est Sempronius Gracchus.* J'avois eu, dit Villate, la folie révolutionnaire de cacher l'obscurité du nom de mes peres, sous l'éclat d'un nom illustre de l'histoire Romaine. *Sempronius Gracchus des nôtres ! dit Robespierre, vous n'avez donc pas lu le traité des offices ? L'aristocrate Cicéron, afin de rendre odieux le projet des deux Gracques, exalte les vertus du pere, et traite les enfans de séditieux.....* Je me retire une minute après.

» L'idée du systême agraire, voilà l'étincelle rapide qui sortit de cette scène, pour m'éclairer dans les ténebres où je marchois. Alors, Collot-d'Herbois jouoit ses sanglantes tragédies à Lyon. Alors, Billaud-Varennes exhaloit à la tribune ses froides fureurs. Alors, Couthon, par ses infirmités, adoucissoit la dureté de ses discours. Alors, on jouoit sur tous les théâtres, *Robert, chef de brigands.* On chantoit la guillotine en tous

lieux ;

lieux ; le nom de *sainte* sembloit atténuer son horreur.

» Le lendemain du jugement d'Antoinette, je reçus de grandes lumières : j'avois été spectateur aux débats.

» Barrere avoit fait préparer, chez *Venua*, un dîner, où étoient invités Robespierre, Saint-Just et moi. Saint-Just se faisoit attendre : on me députe vers lui : je le trouve au comité : il écrivoit : au nom de Robespierre, il me suit. En route, il paroissoit surpris, rêveur. — *Robespierre dîner avec Barrere !... Il est le seul à qui il ait pardonné.* Je laisse aux politiques à approfondir le sens de ces mots obscurs, échappés de ses lévres.

» Assis autour de la table, dans une chambre secrete, bien fermée, on me demande quelques traits du tableau des débats du procès de l'Autrichienne. Je n'oubliai pas celui de la nature outragée, quand Hébert, accusant Antoinette d'obscénités avec son fils, âgé de onze ans, elle se retourne avec dignité vers le peuple : —*j'interpelle les meres présentes et leurs consciences, de déclarer s'il en est une qui n'ait pas à frémir de pareilles horreurs !*

D

» Robespierre frappé de cette réponse, comme d'un coup d'électricité , casse son assiette avec sa fourchette : — *cet imbécile d'Hébert : ce n'est pas assez qu'elle soit réellement une Messaline , il faut qu'il en fasse encore une Agrippine , et qu'il lui fournisse à son dernier moment ce triomphe d'intérêt public.*

» Chacun resta comme stupéfait. Saint-Just rompit le silence : — *les mœurs gagneront à cet acte de justice nationale.* Barrere : — *la guillotine a coupé là un puissant nœud de la diplomatie des cours de l'Europe.* Sans doute mon orgueil de me trouver avec ces maîtres de la république étoit bien excusable : comme la coupe de Circé , chaque verre de vin étoit un poison révolutionnaire , qui m'enivroit d'illusions.

» Ce n'est là qu'un léger prélude de la grande conversation politique. Robespierre ne dissimule pas ses craintes du grand nombre des ennemis de la révolution. Barrere comprend sous ce titre tous les nobles , tous les prêtres , tous les hommes de palais, sans excepter les médecins et la médecine. Selon lui , l'égalité a prononcé l'arrêt fatal. Saint-Just expose les bases de son discours sur la confiscation des biens des suspects à déporter. Barrere, impatient de montrer son ardeur pour les *principes*, reprend ainsi : le vaisseau de la révolution ne peut arriver au port que sur une mer rougie de flots de sang. Saint-Just, c'est vrai : une *nation ne se régénere que sur des monceaux de cadavres.* Mirabeau, quelques passages de l'histoire des Indes de Raynal, venoient à l'appui de ces sentences.

» Robespierre voyoit deux écueils dangereux :—*l'effusion excessive qui révolteroit l'humanité : l'insuffisance ménagée par cette fausse sensibilité envers un petit nombre, préjudiciable au bonheur de tous.* Conclusion de Barrere : —il faut *commencer par la constituante, et les plus marquans de la législature. Ce sont des décombres, dont il faut déblayer la place.*

» La conversation fut entrecoupée par les besoins physiques. Il régnoit, à ce dîner, un air de défiance réciproque, et je crus voir que ma personne n'étoit pas un léger obstacle aux ouvertures. On se retire.

Peuple français ! peuple toujours grand, toujours vainqueur, voilà quels hommes vouloient se rendre maîtres de tes destinées. Du moins, s'ils avoient eu quelque chose de la grandeur de ces trois Romains, qui dans l'île de la riviere de Panare, en présence de leurs armées, partagerent l'univers ! Mais non, c'étoient trois misérables rhéteurs, se disputant de férocité, qui, sous prétexte de régénérer les mœurs, transformoient la république en un vaste cimetière. O honte ! dont l'histoire rougira en traçant ta gloire et ta splendeur !

» On conçoit que ce fameux dîner devoit me procurer des facilités, par exemple, de voir chez eux Saint-Just, Robespierre, de leur parler dans les rencontres ; il facilita mes entrées au comité de salut public, à la convention, au sein même de ses membres.

Robespierre avoit dans ses mœurs une austérité sombre et constante, rapportant les événemens à sa personne, donnant à son nom de Maximilien, une importance mystérieuse. Triste, soupçonneux, craintif, ne sortant qu'accompagné de deux ou trois sentinelles vigilantes ; l'entrée de son logement étoit lugubre, il n'aimoit point à être regardé, il fixoit ses ennemis avec fureur, il se promenoit chaque jour deux heures, avec une marche précipitée ; il étoit coëffé élégamment. La fille de son hôte passoit pour sa femme, elle avoit une sorte d'empire sur lui. Sobre, laborieux, rascible, impérieux, Barrere l'appeloit le géant de la révolution : *mon génie étonné*, disoit-il, *tremble devant le sien.*

Barrere formoit un contraste parfait avec Maximilien ; léger, ouvert, caressant, aimant la société, sur-tout celle des femmes ; recherchant le luxe, et sachant dépenser. Dans l'ancien régime, il avoit désiré de passer pour gentilhomme. Le sobriquet de *Vieusac* ne flattoit pas peu son amour-propre. Varié comme le caméléon, changeant d'opinion comme de costume ; tour à tour feuillant, jacobin, aristocrate, royaliste, modéré, révolutionnaire ; cruel, atroce par foiblesse, intempérant par habitude ; selon la difficulté de ses digestions, athée le soir, déiste le matin, né sans génie, sans vues politiques, effleurant tout ; il avoit pour unique talent, une facilité prodigieuse de rédaction.

La mort sembloit avoir succédé dans la tribune, à la vérité. Les acteurs de la tragédie s'étoient distribués les rôles pour répandre la terreur. *Les hommes qui régénèrent un grand peuple*, selon Saint-Just, *ne doivent espérer de repos que dans la tombe. La révolution est comme la foudre, il faut frapper.*

Barrere disoit dans ses discours : *il n'y a que les morts qui ne reviennent pas.*

Collot - d'Herbois répétoit souvent : *plus le corps social transpire, plus il devient sain.*

Dans les comités, Couthon, Billaud-Varennes, Vadier, Vouland, jetoient les bases des tribunaux de Marseille, d'Arras, d'Orange. Les troupes révolutionnaires portoient la dévastation, les tortures, l'assassinat, l'incendie, dans leurs marches épouvantables.

Voilà ce que ces nouveaux enfans de Jason, qui fesoient bouillir leur pere sous prétexte de le rajeunir, appeloient les moyens de réaliser l'heureux système de la révolution agrairienne. Les régénérateurs du peuple français ne se contraignoient plus dans leurs conversations sur le projet de partager à chaque famille une portion de terre, au milieu de laquelle s'éleveroit une baraque couverte de chaume. Saint-Just ajournoit le bonheur de la France à l'époque où chacun retiré au milieu de son arpent avec sa charrue, passeroit doucement sa vie à le cultiver.

C'étoit là le retour de l'âge d'or et du siecle d'Astrée.

Tandis que Saint-Just s'abandonnoit à ces

conceptions extravagantes, Robespierre s'occupoit d'établir son pouvoir sur des bases so-
lides. On a élevé des doutes sur le plan qu'il
avoit formé. Si l'on veut connoître le but
vers lequel tendoit ce scélérat, qu'on lise les
notes suivantes, écrites de sa main, qui ont
été trouvées sous ses scellés? Elles serviront
à résoudre ce problême.

Quelle est la fin qu'on se propose, disoit-
il dans une de ces notes? L'exécution de la
constitution en faveur du peuple.

Quels seront nos ennemis? Les hommes
vicieux et les riches.

Quels moyens emploieront-ils? La calomnie et l'hypocrisie.

Quelles causes peuvent favoriser l'emploi
de ces moyens? L'ignorance des sans-culottes.

Il faut donc éclairer le peuple. Mais quels
sont les obstacles à l'instruction du peuple?

Les écrivains mercénaires, qui l'égarent
par des impostures journalieres et impu-
dentes.

Que conclure delà? 1.° *qu'il faut proscrire
les écrivains comme les plus dangereux ennemis de la patrie.*

D 4

2.° Qu'il faut répandre de bons écrits avec profusion.

Quels sont les autres obstacles à l'établissement de la liberté ?

La guerre étrangère et la guerre civile.

Quels sont les moyens de terminer la guerre étrangere ?

De mettre des généraux républicains à la tête de nos armées, et de punir ceux qui nous ont trahi.

Quels sont les moyens de terminer la guerre civile? De punir les traîtres et les conspirateurs, surtout les députés et les administrateurs coupables; d'envoyer des troupes patriotes, sous des chefs patriotes, pour réduire les aristocrates de Lyon, de Marseille, de Toulon, de la Vendée, du Jura, et de toutes les autres contrées où l'étendard de la rebellion et du royalisme a été arboré, et de faire des exemples terribles de tous les scélérats qui ont outragé la liberté, et versé le sang des patriotes.

1.° Proscription des écrivains perfides et contre-révolutionnaires; propagation de bons écrits.

2.° Punition des traîtres et des conspirateurs, surtout des députés et des administrateurs coupables.

3.° Nomination de généraux patriotes; destitution et punition des autres.

4.° Subsistances et lois populaires.

Dans une autre note, Robespierre écrivoit :

Il faut une volonté *une*.

Il faut qu'elle soit républicaine ou royaliste.

Pour qu'elle soit républicaine, il faut des ministres républicains, des papiers républicains, des députés républicains, un gouvernement républicain.

La guerre étrangère est une maladie mortelle (fléau mortel), tandis que le corps politique est malade de la révolution et de la division des volontés.

Les dangers intérieurs viennent des bourgeois ; *pour vaincre les bourgeois*, il faut *rallier le peuple*. Tout étoit disposé pour mettre le peuple sous le joug des bourgeois, et faire périr les défenseurs de la république sur l'échafaud. Ils ont triomphé à Marseille, à Bordeaux, à Lyon, ils auroient triomphé à Paris, sans l'insurrection actuelle. Il faut que l'insurrection actuelle continue, jusqu'à ce que les mesures nécessaires pour sauver la république, aient été prises. Il faut que le peuple s'allie à la convention, et que la convention *se serve du peuple.*

Il faut que l'insurrection s'étende de proche en proche sur le même plan;

Que les sans-culottes *soient payés,* et restent dans les villes.

Il faut leur procurer des armes, *les colérer,* les éclairer.

Il faut exalter l'enthousiasme républicain par tous les moyens possibles.

Si les députés sont renvoyés, la république est perdue; ils continueront d'égarer les départemens, tandis que leurs suppléans ne vaudront pas mieux.

Custines à surveiller par des commissaires nouveaux, bien sûrs.

Les affaires étrangères. Alliance avec les petites puissances; mais impossible, aussi long-temps que nous n'aurons point une volonté nationale.

Dans une troisieme note il disoit : il faut avoir de l'argent.

1.º Une adresse aux départemens.

2.º Des courriers près de nos commissaires aux armées.

3.º *Une fédération de la commune de Paris avec Marseille.*

4.º Changement de ministre et de la poste.

5.º Suppression des papiers contre-révolutionnaires.

6.º *ARMER les sans-culottes et les SALARIER.*

7.º *Faire suspendre les travaux jusqu'à ce que la patrie soit sauvée.*

8.º CHANGER DE LOCAL.

Il est facile de pénétrer les vues ambitieuses du tyran, dans ces phrases décousues et énigmatiques qu'il sembloit avoir jetées au hazard, et qu'il n'avoit tracées que pour lui. Il falloit que la volonté nationale fut *UNE.* Cette phrase prouve évidemment qu'il espéroit qu'un jour sa volonté seroit celle de la nation. Aussi, pour hâter ce moment, mit-il en usage tous les ressorts de son machiavélisme.

Les éloges bas et rampans qu'il recevoit chaque jour des différentes parties de la république, acheverent de le confirmer dans l'idée qu'il étoit un grand homme, et que tout devoit fléchir sous sa puissance suprême.

C'étoit en effet à qui enivreroit l'idole de vapeurs empoisonnées : on se disputoit dans les *sociétés populaires*, l'honneur, ou l'affront, pour mieux dire, de s'agenouiller devant ce nouveau *Dagon* ; et des milliers de fanatiques irréligieux ne semblerent avoir chassé de leurs temples les dieux qu'ils adoroient depuis tant de siecles, que pour se prosterner devant leur nouveau dieu *Maximilien*. Il faut parcourir ses papiers pour s'en convaincre.

Ici, c'est une société qui n'ose point offrir à la convention le tribut de ses idées, sans le soumettre au tyran.

Là, c'en est une autre qui a pris, pour *mot d'ordre*, le nom de ROBESPIERRE, comme Joseph *Lebon*, le mot PILLAGE.

Là encore, ce sont les membres d'une autre société qui bénissent l'Eternel de ce qu'il a pris sous sa sauve-garde *des jours précieux*.

Ailleurs, ce sont des sociétés populaires de sections qui envoient savoir des nouvelles de Robespierre, malade.

Ailleurs, c'est une société-mere qui le conjure de joindre à ses efforts *le tribut de ses rares talens*, pour consolider le grand œuvre de la régénération française.

Par-tout même prostitution d'encens, de vœux et d'hommages ; par-tout ou verseroit son sang pour sauver ses jours. Qu'importe la convention, qu'importe la république ! *vive Robespierre !* voilà le vœu général des sociétés populaires.

Du sein de ces hommages collectifs, s'élève encore le nuage formé par la vapeur de l'encens des *particuliers.*

Ici, c'est *l'incorruptible* Robespierre *qui couvre le berceau de la république de l'égide de son éloquence.* Là, le *vertueux* Robespierre est surnommé *le ferme appui et la colonne inébranlable de la république.*

Ailleurs, *on n'a fait connoissance qu'avec ses talens, on veut la faire avec ses vertus.*

Ailleurs encore, on s'extasie sur ses écrits, qui lui ont fait l'inappréciable réputation d'un vrai citoyen français, *qui réunit en lui, et l'énergie d'un ancien Spartiate, et d'un Romain des premiers tems de la république, et l'éloquence d'un Athénien ;* enfin, ce qu'on ne croira pas, *d'homme éminemment sensible, humain et bienfaisant.*

Vient après un original, qualifié par lui-même *jeune homme de 87 ans, qui regarde Robespierre comme le Messie annoncé par l'Être éternel pour réformer toute chose.*

Puis un autre, digne d'être accolé à ce dernier, appelle Robespierre *son apôtre;* il se réjouit *d'avoir par le physique une ressemblance avec le bienfaiteur de la patrie.* Il imiteroit volontiers ce courtisan, qui s'étoit fait crever un œil parce que son empereur étoit borgne.

Puis deux autres, qui baptisent leurs deux enfans du nom sacré de *l'incorruptible Robespierre.*

Un maire de *Vermanton* veut ensuite que Robespierre soit regardé dans les siecles des siecles comme la *pierre angulaire* de l'édifice constitutionnel.

Un auteur de journal, en écrivant à Robespierre, qu'il appelle *son cher*, lui écrit *qu'il voudrait le voir pour lui apprendre ce que peut-être il ne sait pas*, et il apprend *que les plus beaux ouvrages de son cher Robespierre, dont il propage les lumieres avec plaisir, sont, en entier dans ses journaux, et que son nom est répété mille fois dans ses volumes révolutionnaires.*

Un agent national dit, que c'est *l'Être suprême, dont Robespierre a prouvé l'existence, qui veille sur ses jours, et que la république est sauvée.*

Un fanatique d'Amiens veut voir, à toute force, le grand homme : *il veut rassasier ses yeux et son cœur de ses traits, et l'ame électrisée par toutes les vertus républicaines, rapporter chez lui de ce feu dont le grand homme embrâse tous les bons républicains ; ses écrits le respirent, il s'en nourrit ; mais ce n'est pas assez pour lui, il veut le contempler en face.*

Un président et un secrétaire d'un comité de surveillance, adressent des plaintes contre un représentant du peuple, à Robespierre, signalé par eux *le génie incorruptible, qui voit tout, prévoit tout, déjoue tout ; qu'on ne peut tromper ni séduire.* Si justice ne leur est pas rendue, ils voleront, disent-ils, à la convention où Robespierre les *écoutera* et *jugera.*

Un autre président de société populaire, dans un discours dont l'impression et l'envoi furent votés, se livre, en parlant des assassinats de *Collot* et de *Robespierre*, à ce beau mouvement d'éloquence :

« Qui l'a sauvé ! Qui a sauvé encore Ro-
» bespierre, *le faisceau de toutes les vertus*
» qu'ils adorent et qu'ils propagent avec cou-
» rage ! l'Être suprême. D'un autre côté,
» il (l'Être suprême) protege visiblement
» la république, et il a voulu, dans cette oc-
» casion, *lui épargner d'éternels regrets* ».

Une commune enfin, a chanté pour Robespierre un *Te Deum*, terminé par les cris de *vive Robespierre*, vive la république !

Long-temps avant que Saint-Just et Robespierre fussent réunis à la convention, Saint-Just lui écrivoit :

« Vous qui soutenez la patrie chancelante
» contre le torrent du despotisme et de l'in-
» trigue ; vous que je ne connois que *comme*
» *Dieu*, par des merveilles,... je ne vous con-
» nois pas, mais vous êtes un *grand homme* ».

Tant d'encens brûlé ne rassasioit pas encore l'avide ambition du tyran ; il lui falloit une couronne, et l'on a vu un flatteur assez lâche pour la lui offrir. « *Béni soit Robespierre*, (lui
» criait ce misérable) béni soit le digne imi-
» tateur de *Brutus* ; la *couronne*, le triomphe
» vous sont dus, ils vous seront déférés , en
» attendant que l'encens civique fume devant
» *l'autel que nous vous éleverons*, et que la pos-
» térité révèrera tant que les hommes connoî-
» tront *le prix de la liberté* ».

Quel délire ! quel amalgame d'idées hétérogènes !

Ne seroit-on pas tenté après avoir parcouru cette correspondance d'esclaves, de croire au système de la reproduction des mêmes êtres, à certaines périodes de siecles, tant célébré par l'imagination des anciens ! Et quelle différence entre *tous* ces plats valets de la ty-

rannie, ces fondateurs d'*autels*, ces distri-
buteurs de *couronnes*, et ce vil *Anicius*, qui
proposoit chez les Romains d'ériger un temple
au dieu *Néron* !

Se voyant ainsi flagorné de toutes parts,
fort de l'empire qu'il exerçoit sur les jacobins de Paris et des autres communes, il
conçut l'idée d'écraser la faction même à
qui il devoit sa puissance. Ronsin et Vincent
furent arrêtés ; mais le club des Cordeliers
les ayant réclamés, Robespierre fut forcé
de leur rendre la liberté. Cet échec ne servit
qu'à le convaincre que les esprits n'étoient pas
assez frappés de terreur. Il continua donc
le cours de ses proscriptions, et il fit arrêter
les députés Thomas Payne et Bernard.

Les divers comités révolutionnaires qui en-
tretenoient une correspondance active et jour-
nalière avec le comité de salut public, exer-
çoient dans leur arrondissement respectif,
la rigueur que ce comité étendoit sur toute
la France.

Saint-Just fit entendre dans la tribune de
la convention, ces paroles terribles : « La
» pitié est un signe de trahison...... Ce qui
» constitue la république, c'est la destruc-
» tion de tout ce qui lui est opposé ».

Ce fut par une suite de ces principes que Saint-Just fit condamner à la peine de mort ceux qui altéreroient la forme du gouvernement républicain , ceux qui résisteroient au gouvernement révolutionnaire , ceux qui donneroient asyle aux prévenus de conspiration que la frayeur auroit mis en fuite , ceux qui communiqueroient verbalement ou par écrit avec les prisonniers , les géoliers qui coopéreroient à une telle communication. Rien peut-être ne prouve mieux à quel point les membres de la convention étoient comprimés par la terreur , que leur docilité à décréter ce code de sang qui devoit tourner contre plusieurs d'entre eux.

Saint-Just fit encore décréter que les biens des gens suspects étoient confisqués , qu'eux-mêmes étoient condamnés à la détention jusqu'à la paix , et qu'à la paix ils seroient bannis à perpétuité.

Robespierre se vit alors en état de frapper le coup qu'il méditoit. Il dédaignoit depuis long-tems d'être la créature, l'instrument d'une faction. Il vouloit bien être le chef d'un parti , mais d'un parti qu'il auroit créé lui-même.

Pour y parvenir, Robespierre adopta un

moyen dangereux. Il eut recours à la terreur, qui ne fait que des mécontens, et lorsqu'il y a plusieurs mécontens, celui qui gouverne, a chaque jour à redouter quelque entre-
prise. Il n'y a peut-être pas un seul exemple
d'un homme qui, n'ayant régné que par la
terreur, n'ait péri misérablement.

Il ne fut que trop bien servi par ses infâ-
mes complices Saint-Just et Couthon, membres comme lui du comité de salut public.
Le premier obtint un décret qui renvoyoit
sous trois jours de Paris, tous les nobles.

Saint-Just fit rendre un second décret,
qui condamnoit à être déporté à la Guyane
française, quiconque seroit convaincu de s'ê-
tre plaint de la révolution.

Sur le rapport encore de Saint-Just, on
envoya à la mort Hérault de Séchelles, membre du comité de salut public, et avec lui
Simon, député et vicaire général de Stras-
bourg. Saint-Just accusa le premier d'avoir
caché chez lui un homme mis en arrestation ; il accusa le second d'avoir eu des rela-
tions avec un conspirateur des bords du Rhin.

Camille Desmoulins fut arrêté quelques
jours après. On lui devoit principalement le
supplice d'Hébert ; mais il s'étoit permis

dans son journal quelques plaisanteries sur Saint-Just. *Il porte*, disoit lejournaliste, *sa tête comme un saint sacremeut.* On ne plaisante point avec les tigres. Saint-Just demanda à Robespierre la tête de Desmoulins, elle lui fut accordée.

« Je viens, dit Saint-Just à la conven-
» tion, je viens vous demander un décret
» d'accusation contre Camille Desmoulins,
» Danton, Philippeaux, Lacroix, complices
» de d'Orléans et de Fabre d'Eglantines ».

En entendant lire cette nouvelle liste de proscription, un député s'écrie douloureuse-ment : « Nous allons donc tous être égorgés » successivement » ! Ses collegues partagent ses alarmes. On entend dans une partie de la salle des gémissemens ; ils mettent en fu-reur Robespierre ; il s'élance à la tribune, et parle ainsi :

« A ces troubles, depuis long-tems incon-
» nus dans cette assemblée, il est visible
» qu'il s'agit d'un grand intérêt, de savoir
» si quelques hommes doivent l'emporter sur
» la Patrie.... Peu m'importe à moi les élo-
» ges qu'on se donne et qu'on donne à ses
» amis. On ne demande plus ce qu'un homme
» a fait à telle époque, on demande ce qu'il

» a fait pendant tout le cours de sa carriere
» politique.

» On ne peut prononcer le nom de Lacroix
» avec pudeur. Danton est moins décrié :
» mais pourquoi Danton auroit-il plus de
» privilége que son compagnon Fabre d'E-
» glantines ?

» On veut vous faire craindre l'abus du
» pouvoir. Qu'avez-vous fait que vous n'ayez
» fait librement ? On craint que des indivi-
» dus ne soient victimes. On se défie donc
» de la justice ? Quiconque tremble dans ce
» moment, est coupable.

» Et moi aussi, on a voulu me faire crain-
» dre. Les amis de Danton m'ont écrit que
» Danton renversé, je périrois : ils ont cru
» que des liaisons pourroient m'engager à dé-
» tourner le cours de la justice. Je fus aussi
» l'ami de Pétion, de Roland, de Brissot :
» ils ont trahi la Patrie, je me suis déclaré
» contre eux. Danton veut prendre leur place;
» Danton n'est à mes yeux qu'un ennémi de
» la Patrie. Les complices seuls peuvent plai-
» der la cause des coupables ».

Ces dernieres paroles jetterent l'effroi parmi tous les députés, aucun n'osa répliquer.

Il n'y eut plus dans l'assemblée nationale

aucune sorte de discussion depuis cette époque. On n'y vit plus qu'une obéissance aveugle, qu'un empressement servile à toutes les
volontés de Robespierre.

Les scélérats qui briguerent sa faveur, se
disputerent à qui montreroit plus de férocité. Un homme vint demander à la barre
trois cent mille têtes : Robespierre n'eut garde
de s'élever contre cette proposition ; mais le
président la repoussa avec horreur, en criant
à celui qui la faisoit : « Vous êtes au milieu
» des Français, et non des antropophages ».
Le pétitionnaire auroit pu répondre, que six
mois auparavant on avoit applaudi à ceux
qui avoient demandé neuf cent mille têtes.

Nous sommes arrivés à l'époque la plus
désastreuse de la révolution : nous voulons
parler du jour où la loi sanglante du 22 prairial fut arrachée à la convention.

La postérité ne pourra lire, sans frémir,
cette loi barbare. Elle fut rendue à la solli-
citation et sur le rapport de Couthon ; elle
portoit que ceux-là étoient ennemis du peuple, qui cherchoient à anéantir la liberté,
soit par force, soit par ruse ; que ceux-là
seroient punis de mort, qui auroient répandu
de fausses nouvelles, ou qui auroient favo-

risé l'évasion des aristocrates ; que le tribunal révolutionnaire ne connoîtroit d'autre
peine que celle de la mort ; que la preuve nécessaire pour condamner , seroit toute espéce
de document , soit matériel , soit moral ; que
tout citoyen seroit tenu de dénoncer les contre-révolutionnaires ; que tout citoyen pourroit arrêter lui-même un contre-révolutionnaire ; que les accusés n'auroient point de défenseurs ; qu'aucun accusé ne pourroit être
mis hors de jugement , sans qu'il en eut été
communiqué au comité de salut public , qui
prononceroit sur la décision du tribunal.

Fut-il jamais un tyran assez déhonté pour
oser effrayer ses esclaves par un pareil code ?
Depuis long-tems les membres de la convention les moins accessibles à la crainte, sous-
crivoient , en tremblant , aux rapports que
leur présentoient successivement Robespierre,
Saint-Just et Couthon. Dans cette occasion ,
l'indignation l'emporta sur la terreur. Le-
cointre de Versailles , et Bourdon de l'Oise,
osèrent faire un dernier effort en faveur de
l'humanité si cruellement outragée ; mais cet
effort fut inutile.

Ils demandèrent qu'au moins le décret,
avant d'être adopté , fût ajourné et mûre-

ment discuté. « Cette proposition , s'écria
» Couthon, ne permet pas au comité de gar-
» der le silence ; on lui fait une inculpation
» atroce ; on l'outrage. Pitt et Cobourg ne
» disent-ils pas que les comités veulent en-
» vahir les pouvoirs de la convention ? *Ah !*
» *que voulons-nous autre chose que la gloire du*
» *peuple ?* Peut-être dans une loi , peut-il y
» avoir des choses qui n'ont point été assez
» précisées , nous ne prétendons pas être in-
» faillibles ! Mais pourquoi injurier le comité ?
» Bourdon de l'Oise a fait une faute grave ,
» sur-tout à l'égard d'un comité en qui la
» convention a placé *une immense confiance* ,
» *et que nous méritons* ».

Bourdon de l'Oise répondit : « Je n'ai point
» parlé comme Pitt et Cobourg. C'est ici une
» explication fraternelle ; je n'userai point de
» représailles. J'estime le comité de salut pu-
» blic, mais j'estime aussi cette inébranlable
» montagne qui a fondé la Liberté » !

Robespierre , égaré par la fureur, écumant
de rage , s'écria : « Le comité de salut public
» et la montagne, c'est la même chose ! Et
» moi aussi je connois cette montagne, et
» j'ai le droit d'y siéger. Oui , Montagnards,
» vous serez dignes de sauver la liberté ; et
c'est

» c'est parce que ce titre est sacré, que vous
» ne devez pas le laisser partager par des
» scélérats ».

En prononçant ce dernier mot, Robespierre fixa Bourdon ; celui-ci insulté aussi
griévement, répondit : « Je demande qu'on
» prouve que je suis un scélérat » !

Robespierre, qui avoit l'impudence que
l'impunité donne, lui répliqua insolemment :
« Je n'ai pas nommé Bourdon. Malheur à
» qui se nomme lui-même ! Mais si Bourdon
» peut se reconnoître dans le tableau que
» mon devoir m'oblige de tracer, il en est
» le maître ».

Voilà quel étoit le genre d'éloquence de
Robespierre, lorsqu'il parloit à ceux qu'il
croyoit d'une opinion contraire à la sienne.
Il cherchoit bien moins à les convaincre qu'à
les insulter.

Il poussoit encore plus loin l'indécence dans
l'intérieur des comités. « Vous êtes des misé-
» rables, disoit-il, à ses collegues qu'il haïs-
» soit, des fripons, des scélérats ; vous êtes
» incapables de tout bien, capables de tout
» mal ; vous ne méritez que la guillotine ».
Les épithétes les plus grossieres, les plus
sales, accompagnoient ces injures.

On peut donc dire avec raison que Robespierre mérita, sous tous les points de vue, l'exécration de ses contemporains et de la postérité. Il épuisa les trésors de la France pour avoir des bourreaux et faire périr des victimes. Il couvertit les plus beaux édifices de la capitale en prisons ténébreuses. Il faisoit revenir, à grands frais, ceux qu'il avoit obligés de sortir de Paris, et les engloutissoit dans les cachots qu'il avoit fait construire, d'où il les faisoit tirer ensuite par le cannibal Fouquier, pour les envoyer à l'échafaud, d'après les listes fatales qu'il remettoit à cet infâme ministre de sa férocité.

Si l'on sortoit, dans ces jours de calamité, on rencontroit dans les rues, sur les grandes routes, des charrettes surchargées d'infortunés, liés deux à deux comme des malfaiteurs. L'âge, le sexe, les infirmités, n'étoient point respectés. On voyoit sur la même charrette, des vieillards plus que septuagénaires, des femmes enceintes, des enfans à peine sortis du berceau, de jeunes vierges, dont la candeur, les larmes, eussent amolli les ames les plus féroces.

C'étoit surtout pendant la nuit que l'homme sensible n'osoit plus quitter ses foyers, pour

ne pas être exposé à rencontrer des prisonniers qu'on transféroit d'une prison dans une
autre. Ces translations se faisoient en effet
pendant les ténèbres. On craignoit sans doute
que la sensibilité des spectateurs n'eût été
trop vivement émue, si le jour les eut éclairées. Les tyrans, comme les voleurs, redou-
tent la lumière. Cinquante à soixante mal-
heuréux, pâles et défaits, étroitement ga-
rottés, conduits par des hommes d'un regard
farouche, qui tenoient d'une main un sabre
nud, et de l'autre une torche, erroient ainsi
pendant le silence de la nuit. Le passant, que
le hazard conduisoit à leur rencontre, devoit
concentrer dans son cœur toute pitié. S'il laissoit seulement échapper un soupir, il couroit
risque d'être associé aux infortunés qui composoient ce lugubre cortége.

Chaque section avoit sa prison. La premiere
leçon que recevoient les géoliers, c'étoit d'ê-
tre impitoyables. Celui qui montroit des
sentimens d'humanité, étoit destitué sur-le-
champ.

On a vu dans l'almanach des prisons, que
les gardiens de quelques-uns de ces tombeaux
se faisoient un jeu cruel de tourmenter les
infortunés confiés à leur surveillance. Des

femmes délicates, à qui une longue habitude faisoit un besoin d'une extrême propreté, étoient jetées dans un réduit qui n'étoit qu'un réceptacle d'immondices, et n'avoient, pour se coucher, qu'un grabat dont les insectes leur défendoient l'approche. Un vieillard infirme étoit jeté parmi une jeunesse bruyante. Enfin ces prisons étoient le séjour de toutes les souffrances ; on y éprouvoit toutes les sortes de besoins, tout s'y vendoit au poids de l'or. Robespierre, pour rendre ces antres plus horribles encore, avoit calculé quelle portion de lumiere et d'air suffisoit aux malheureux qu'on y enfermoit, pour que leur vie, prolongée dans les douleurs, ne s'éteignît pas trop promptement. Non-seulement leurs fenêtres étoient obstruées d'énormes barreaux de fer, qui se croisoient en tout sens, elles étoient encore revêtues en dehors de ces machines qu'on appelle soufflets ; de maniere que le prisonnier ne recevoit le jour que perpendiculairement, et par une ouverture fermée elle-même d'un fil de fer, invention infernale qu'on ne connoît ni à Constantinople, ni sur les côtes d'Alger. Le désespoir, sous les voûtes de ces sépulcres, se présentoit avec les formes les plus terribles.

Aussi l'un finissoit sa déplorable vie par le poison, tandis que l'autre s'enfonçoit un cloud dans le cœur ; celui-là s'ouvroit les quatre veines, celui-ci se brisoit la tête contre les barreaux de sa croisée. Plusieurs perdoient la raison. Ceux à qui un tempéramment robuste donnoit la force de supporter leurs malheurs, attendoient les bourreaux avec impatience.

Un homme eut le courage de mettre sous les yeux de Robespierre le tableau de la situation douloureuse des prisonniers, et de lui dire qu'aucun d'eux, à moins d'un prodige, ne pouvoit vivre long-temps : « Eh bien ! ré-» pondit ce monstre, quelle nécessité y a-» t-il que ces gens-là vivent » ?

Cette réponse atroce du tyran annonçoit clairement que chaque citoyen arrêté étoit destiné à la mort. Robespierre ne s'occupoit que du soin de grossir les listes de proscription. Le fer de la guillotine n'alloit point assez vîte à son gré. Un de ses courtisans lui annonça qu'on avoit inventé un glaive qui frapperoit neuf têtes à la fois ; cette découverte lui plut, et il en fit faire des expériences à Bicêtre ; elles ne réussirent pas, mais l'humanité n'y gagna rien. Au lieu de trois, quatre victimes par jour, Robespierre voulut en avoir journellement cinquante, soixante; et il fut obéi! C'étoit entre le Pont-tournant et les Champs-élisées que les exécutions se faisoient alors. Ce lieu situé entre les deux promenades les plus agréables de Paris, ne pouvoit être plus mal choisi. Les habitans des rues dans lesquelles on promenoit les victimes, fatigués du spectacle déchirant qu'on leur donnoit chaque jour, firent également entendre des plaintes. Robespierre aussi ombrageux qu'il étoit cruel, fut effrayé de ces murmures et de ces plaintes; pour prévenir un soulèvement, il fit placer ailleurs le théâtre du carnage : l'échafaud fut élevé sur la place de la Bastille. On crut que les habitans du fauxbourg St-Antoine seroient moins sensibles que ceux de la rue Saint-Honoré; on se trompa. Le peuple du fauxbourg St-Antoine murmura. Robespierre fut donc obligé de changer de nouveau le lieu du supplice, et le fit reculer jusqu'à la barrière.

La marche des condamnés au lieu de l'exécution, étoit elle-même un supplice cruel; il y a une lieue des prisons de la conciergerie, d'où ils partoient, à la barrière où ils recevoient la mort : on leur faisoit faire ce trajet lentement; il étoit de plus de deux heures. Serrés, entassés sur une charrette, la tête nue, les mains douloureusement liées derrière le dos, ils recevoient de cette seule position de mortelles souffrances : le soleil qui dardoit sur leur visage, les brûloit de ses feux, et la sueur qui découloit en abondance de leur front, étoit un nouveau tourment. Cette cumulation de peines ne suffisoit pas encore : une horde d'hommes, de femmes, environnoit chaque charrette pendant toute la durée de la marche, et vomissoit contre ces infortunés toutes sortes d'injures. On a vu de ces satellites du tyran Robespierre, pousser la brutalité jusqu'à frapper les condamnés, jusqu'à leur jeter des immondices.

Néron, dit-on, désiroit que le peuple romain n'eût qu'une tête, pour l'abattre d'un seul coup : Robespierre sembla vouloir faire de ce conte une vérité ; on ne peut dire jusqu'où il seroit allé, s'il n'eût pas été arrêté dans le cours de ses cruautés ; non-seulement il avoit ses tablettes de proscription, il permettoit encore à ses familiers, à tous ceux qui lui étoient dévoués, d'avoir de semblables listes. Henriot, les officiers de son état-major, ses valets, plusieurs membres du tribunal révolutionnaire, quelques membres de la commune, proscrivoient qui leur plaisoit. Il n'y avoit pas jusqu'aux géoliers qui ne jouissent de l'affreux privilége d'envoyer à la mort.

Les noms que tous ces scélérats tiroient de leur mémoire ne suffisant pas, on dit que Robespierre avoit transformé l'almanach, que dans l'ancien régime on appelait royal, en liste de proscription.

Où se seroit arrêté ce moderne Néron? On assure que quelqu'un lui ayant fait cette question, il avoit froidement fait la réponse suivante : « La génération qui a vu l'ancien » régime, le regrettera toujours. Tout indi-» vidu qui avoit plus de quinze ans en 1789, » doit être égorgé; c'est le seul moyen de » consolider la révolution ».

On a raconté dans le tems, que Robespierre ayant proposé de mettre à mort quiconque seroit soupçonné de ne pas aimer la révolution ; Collot-d'Herbois dit : « Cette me-» sure, dans les préjugés ordinaires , paroît » dure ; *mais les circonstances l'exigent impé-» rieusement* ». Le patriotisme n'étoit pour lui qu'un mot vide de sens. On voyoit confondus dans la même charrette, le royaliste, le constitutionnel, le républicain, celui que le peuple avoit toujours regardé comme un sincère patriote. Ainsi les jacobins qui le regrettent aujourd'hui, ont certes bien tort, car après avoir servi le tyran, ils eussent fini par venir, à leur tour, se perdre dans ce lac de sang qu'il avoit ouvert à la barrière ci-devant du trône.

Dans le cours de ses cruautés, Robespierre dévoila toute la férocité de son caractère. On apperçut facilement que les deux passions qui maîtrisoient son cœur, étoient la jalousie et la haine, car il n'oublioit pas de mettre au nombre des proscrits ceux qui, dans la première assemblée nationale, lui avoient témoigné du mépris, et ceux qui dans la troisieme l'avoient deviné.

Des hommes sans pudeur, sans morale, et perdus de réputation, pouvoient seuls consentir à devenir les instrumens d'une aussi épouvantable tyrannie, et malheureusement Robespierre parvint à s'entourer de pareils scélérats. Mais c'étoit dans le tribunal révolutionnaire qu'étoient les principaux ministres de ses fureurs ; entr'autres Fouquier-Tinville, Dumas et Coffinhal. Le premier avoit été, sous l'ancien régime, procureur au Châ-

telet, et honteusement dégradé par ses ra-
pines et la turpitude de ses mœurs. Hérault
de Séchelles, dit-on, en avoit fait la connoissance dans un lieu de débauche. C'étoit
ce Fouquier de Tinville qui, chaque soir,
alloit recevoir des mains de Robespierre la
liste de ceux qu'il falloit envoyer le lendemain à la mort.

Robespierre s'étoit réservé exclusivement
le département de la police générale, dont
l'exercice, comme on le conçoit, lui donnoit
la facilité de commettre journellement tous
les genres possibles d'injustice et de cruauté.

Il en étoit des départemens comme de Paris. Par-tout le sang ruisseloit. Dans tous les
chefs-lieux la guillotine étoit permanente.

Quand on demandoit à Robespierre quel
étoit le but de ces interminables tragédies, il
répondoit : *je régénère la nation.*

Lorsque Carrier écrivoit à l'assemblée nationale, pour l'instruire qu'il entassoit ses
victimes sur des bateaux, qui, au moyen de
soupapes qu'on ouvroit à volonté, laissoient
tomber dans l'abîme des eaux, les malheureux qu'ils portoient, Carrier ne fut pas blâ-
mé. Sa détestable invention fut applaudie par

Robespierre et ses complices comme une découverte dont la France devoit s'honorer.

Malheur à ceux qui osoient témoigner quelqu'intérêt pour des proscrits. Dès qu'un citoyen avoit été frappé par Robespierre, il falloit que ses parens, que ses amis l'oubliassent. Il falloit, pour ne pas irriter la rage de ce tigre, arracher de son cœur les affections les plus cheres, méconnoître les devoirs les plus saints, briser les liens du sang et de l'amitié.

Des femmes éplorées viennent un jour se présenter à la barre de la convention nationale. Celles-là ont leurs époux, celles-ci leur pere dans les fers. Les unes et les autres protestent de l'innocence des détenus, et supplient qu'on leur rende la liberté. La douleur, les larmes de ces infortunées présente le spectacle le plus touchant. Les tribunes se taisent, la convention paroît émue. Voulland qui présidoit, et qui craignoit de déplaire au tyran, fait à ces femmes la réponse suivante :

« Les mesures de la convention sont loin
» de la sévérité des républiques anciennes,
» où l'on punissoit de mort tout citoyen qui
» ne prenoit point parti dans la république ».

Robespierre trouve qu'il n'y avoit point encore assez de dureté dans cette réponse ; il

lance un regard menaçant sur ces femmes et
sur le président, et s'écrie :

« A voir le nombre des citoyennes qui sont
» introduites dans cette salle, on croiroit que
» tous les parens des détenus sont là... C'est
» l'aristocratie qui vient vous demander des
» mesures rétrogrades. Il est possible qu'il y en
» ait quelques-unes qui réclament avec justi-
» ce.... Sans doute les noms de père et d'époux
» rappellent des idées touchantes ; mais ne
» sont-elles donc pas des citoyennes ? et
» doivent-elles oublier ce qu'elles doivent à la
» Patrie, pour n'écouter que le nom d'épou-
» se et de mere ? Est-ce ainsi qu'agissent des
» citoyennes ? Non : elles s'adressent indivi-
» duellement à ceux qui sont chargés de leur
» rendre justice. Quand on se présente en
» corps, on annonce des intentions perfides ;
» et cette intention, c'est de ramener la con-
» vention à des mesures molles : voilà ce que
» présente cette séance.

» Vous devez leur apprendre que leurs ef-
» forts seront vains. Il est important que la
» France soit instruite que la convention écra-
» sera l'aristocratie. Depuis que nous nous
» sommes élevés contre de certains excès,
» prétendus patriotiques, les malveillans ont

» voulu nous prendre au mot. Ils affectent
» de confondre les mesures de sûreté géné-
» rale avec des actes tyranniques.

» Leur but est d'énerver la vigueur natio-
» nale, pour arrêter le cours de la révo-
» lution : vous ne vous laisserez point pren-
» dre à ce piége grossier ; vous serez toujours
» fermes ».

Tous les esprits étoient aigris par cette conduite impérieuse ; mais on n'osoit pas faire éclater son mécontentement. On essayoit seulement de temps en temps d'effrayer le tyran par des lettres anonymes. Nous en citerons deux qui feront connoître les moyens qu'on employoit pour tâcher d'humaniser ce tigre.

« Robespierre ! (lui écrivoit-on dans la
» premiere de ces lettres) Robespierre ! Ah
» Robespierre ! Je te vois ; tu tends à la dic-
» tature, et tu veux tuer la liberté que tu as
» créée. Tu te crois un grand politique, parce
» que *tu as réussi à faire périr les plus fermes*
» *soutiens de la République.* C'est ainsi que
» *Richelieu* parvint à régner, en faisant cou-
» ler sur les échafauds le sang de tous les en-
» nemis de ses projets. *Richelieu*, sans doute,
» étoit un grand politique ; plusieurs fois on

» tenta de renverser sa fortune : on ne réus-
» sit jamais. Pourquoi ? c'est qu'on n'étoit pas
» assez assuré, assez persuadé de la grandeur
» de son génie, contre lequel devoient se bri-
» ser tous desseins formés contre lui ; mais
» un seul homme qui n'eût point cherché à
» faire assaut de ruse, à contreminer sous ses
» pieds, un seul qui ne se fut point amusé à
» vouloir dénouer ces nœuds difficiles , mais
» eût, d'un seul coup, tranché la difficulté
» sans craindre la mort , eût mis à bas, ren-
» versé , terrassé ce colosse de ruse, de gé-
» nie, de pénétration et de politique. Voilà
» le moyen , le vrai moyen de vaincre le gé-
» nie et l'habileté politique des tyrans. Eh
» bien ! Robespierre, tu as prévenu *Danton ,*
» *Lacroix , etc.* tous les plus fermes appuis de
» la liberté. Tu te crois un grand homme, et
» tu te crois déjà triomphant ; mais sauras-
» tu prévoir , sauras-tu éviter le coup de ma
» main, ou celui des vingt-deux autres, com-
» me moi, *Brutus* et *Scœvola* déterminés ! Oui,
» nous sommes déterminés à t'ôter la vie, et
» à délivrer la France du serpent qui cherche
» à la déchirer , à la mettre dans les fers, à
» faire périr la plus grande partie de tes fre-
» res de misere et de faim. Tyran, nous con-

» noissons tes projets ; nous savons tes arran-
» gemens ; *mais tremble, tremblez tous, nou-*
» *veaux décemvirs, des vengeurs de la patrie*
» *sont prêts à faire couler votre sang. Environne-*
» *toi de gardes, de satellites, de noirs, d'escla-*
» *ves ; je serai parmi eux, n'en doute point.*
» Trente fois déjà j'ai été prêt de t'enfoncer
» dans la bouche mon poignet empoisonné ;
» mais je préfere, nouveau *Brutus*, de parta-
» ger cette gloire avec d'autres que j'ai vu
» pleurer sur le sort des malheureuses victi-
» mes de ta rage. Oui, la France va être déli-
» vrée du plus rusé tyran qui fut jamais, de
» l'auteur de tous nos maux, par de véritables
» patriotes, dont la plus grande partie ont
» leurs enfans aux frontieres, combattant
» pour la liberté.

» Malheureux ! tu as vendu ta patrie ! tu
» déclames avec tant de force contre les ty-
» rans coalisés contre nous, et tu veux nous
» livrer à eux ! Tu leur as vendu notre sang,
» notre or, nos vivres, nos provinces, pour
» ton ambition enragée de régner sur vingt
» lieues de pays : *tu leur promets de nous faire*
» *égorger les uns après les autres !* Que t'avons-
» nous fait ! ne sommes-nous pas tes freres,
» tes collegues, tes amis ?..... Ah ! scélérat,

» oui, tu périras, et tu périras des mains des-
» quelles tu n'attends guères le coup qu'elles te
» préparent. As-tu bien songé au crime affreux
» que tu as promis ? Quoi ! nous faire périr,
» tous périr les uns après les autres , tes col-
» legues, toutes les autorités, et jusqu'au
» peuple même ; les uns par le fer, les autres
» dans les prisons, et la plus grande partie par
» la faim. *Quoi ! réduire la France à deux mil-*
» *lions d'hommes, et c'est encore trop , as-tu*
» *dit ?* Quoi! entretenir une guerre défensive
» pour faire périr tous nos soldats les uns
» après les autres, par le fer des despotes que
» tu feins de tant haïr! Quoi! faire de la
» France un vaste cimetière, en proposant des
» lois dures dont l'enfreinte à chaque instant
» fera périr le peuple. Dis-moi, est-il un ty-
» ran dans l'histoire plus tyran que toi?.....
» Eh ! tu ne périras pas ! et nous ne délivre-
» rons pas notre patrie d'un tel monstre ! nous
» mourrons tous , s'il le faut, mais tu n'é-
» chaperas pas. Crois-moi, Robespierre, il
» en est temps encore, repends-toi, renonce
» à tes desseins. Je t'ai aimé autrefois, parce
» que je t'ai cru républicain ; je t'aime encore
» comme malgré moi-même ; mais crains un
» amour jaloux, un amour en fureur, qui ne

» te pardonnera pas si tu oses porter tes pas
» plus loin. Songe à l'avis que je vais te don-
» ner, si tu conserves encore quelque reste
» d'amour pour la patrie : depuis 1789, tu n'as
» pas encore pu vivre simple particulier ; eh
» bien ! commence à vivre l'égal de presque
» tous les Français ; c'est un sacrifice que tu
» dois à la patrie, à la défiance publique. On
» peut se passer de toi ; assez d'autres sauront
» défendre la liberté : si ton ambition ne
» peut s'y résoudre, va, tu n'es qu'un traître,
» et tu dois périr. O vous ! ses malheureux
» collegues au comité, tremblez de favoriser
» ses projets, il est plus fin que vous ; élevé à
» la souveraine puissance, il vous sacrifieroit;
» un tyran connoît-il des amis ? vous lui au-
» riez rendu de trop grands services pour qu'il
» ne vous haït pas. Une fois maître, il ne
» songeroit plus qu'à se défaire de ceux qui
» l'auroient aidé. Mais non, il n'y parviendra
» pas ; j'en jure par la liberté ; il n'y parvien-
» dra pas, le traître périra. Robespierre, son-
» ge à toi, tes projets sont éventés ; nous ve-
» nons tous d'écrire, en forme de circulaire,
» une lettre toute semblable à celle-ci, à tou-
» tes les sections de Paris : dans la personne
» des ames vraiment républicaines, on gar-

» dera le silence jusqu'à ce que tu te sois déci-
» dé. ... Mérite encore une fois l'estime pu-
» blique, ou ç'en est fait du plus grand des
» traîtres ».

La seconde étoit conçue en ces termes :

« Où est D....... M..... l'infâme M..... Où
sont les autres ! Vous êtes encore D.... S....
Cʜ... lâches et vils meurtriers »!

« Tu es encore, tigre, impregné du plus pur
sang de la France...... bourreau de ton pays,
furie sortie du tombeau d'un misérable rég....
moins coupable que toi, tu es encore ! écoute ;
lis l'arrêt de ton châtiment. J'ai attendu,
j'attends encore que le peuple affamé sonne
l'heure de ton trépas ; que juste dans sa fureur, il te traîne au supplice..... Si mon espoir
étoit vain, s'il étoit différé, écoute, lis, te
dis-je : cette main qui trace ta sentence, cette
main que tes yeux égarés cherchent à décou-
vrir, cette main qui presse la tienne avec
horreur, percera ton cœur inhumain.... Tous
les jours je suis avec toi, je te vois tous les
jours ; à toute heure, mon bras levé cherche
ta poitrine...... O le plus scélérat des hommes,
vis encore quelques jours pour penser à moi ;
dors pour rêver de moi ; que mon souvenir et
ta frayeur soient le premier appareil de ton
supplice » !

« Adieu..... Ce jour même, en te regardant, je vais jouir de ta terreur ».

Ces deux lettres prouvent combien Robespierre avoit d'ennemis ; mais personne n'avoit le courage de le faire rougir en face, de ses attentats. Cependant quelqu'un eut la hardiesse de faire graver une estampe qui représentoit le peuple Français sur la place de la révolution. L'échafaud s'élevoit au milieu des spectateurs, qui tous étoient sans tête. On voyoit au bas de l'échafaud quelques corps qui venoient d'être décapités. Le bourreau seul avoit encore sa tête ; mais étendu sur la fatale planche, il se disposoit à se donner lui-même la mort. On ne pouvoit mieux peindre les tristes effets de la tyrannie de Robespierre.

Ce scélérat n'employoit que deux sortes de prétextes pour faire assassiner ceux qui avoient encouru sa haine. Ou l'on avoit conspiré contre l'unité et l'indivisibilité de la république, ou l'on avoit conspiré contre lui-même.

La jeune Renaud et l'Amiral, maître de pension, furent arrêtés comme ayant voulu l'assassiner. On se rappelle que la jeune Renaud s'étoit transportée dans la maison de Duplai, chez lequel demeuroit Robespierre, et qu'elle avait demandé à lui parler. Son ton parut insolent, on l'arrêta. Interrogée pourquoi elle avoit voulu voir Robespierre, elle répondit : « J'ai voulu voir comment » étoit fait un tyran ». Cette réponse parut à Robespierre une preuve évidente que cette jeune fille avoit voulu le poignarder.

Collot d'Herbois avoit été attaqué par l'Amiral. De cet attentat commis sur la personne de Collot, Robespierre conclut que l'Amiral avoit eu le projet de l'assassiner.

Cardinal tenoit une pension où il recevoit des enfans d'étrangers. Il fut dénoncé comme ayant dit que les François étoient des lâches de se laisser tyranniser par Robespierre. Ce dernier en conclud que Cardinal étoit un agent de la faction (1) de l'étranger, et qu'il

(1) Si quelque chose pouvoit surprendre dans la conduite de Robespierre, c'est sans doute l'audace qu'il à eûe d'annoncer pendant 18 mois l'existence d'une multitude de factions chimériques qu'il se plaisoit chaque jour à imaginer. Il sera curieux pour la postérité d'apprendre les noms de ces prétendues factions dont nous allons citer les principales. — La faction des *Feuillans*, des *Girondins*, des *Brissotins*, des *Rolandins*, des *Phelipotins*, des *Alarmistes*, de *l'étranger*, des *Modérés*, des *Ultra-révolutionnaires*, des *Indulgens*, des *Fayetistes*, des *Hebertistes*, des *Dantonistes*, des *Boutiquiers*, des *Agioteurs*, des *Muscadins*, des *Fédéralistes*, etc. etc.

il ignorait donc le coquin qu'on disait aussi les anarchistes, les terroristes, les Robespierristes ?...

étoit certain qu'il avoit voulu l'assassiner.

Pour donner plus de poids à ces accusations, Robespierre prétendit que les poignards, dont il avoit été menacé, avoient été dirigés contre lui par des conjurés qui s'assembloient à Charonne, dans une maison de plaisance, et qui avoient chacun un pied-à-terre à Paris. Ces conjurés, disoit Robespierre, étoient entre autres le ci-devant prince Saint-Maurice, Rohan-Rochefort, Marsan, Grimoald, de Pons, Auxonne, Burlandeux, l'épouse de d'Esprémenil, Sartines le fils, sa femme et sa belle-mere. Or il faut observer que tous ces individus étoient dans différentes prisons depuis long-tems. Il étoit donc absurde de dire qu'ils s'étoient assemblés à Charonne dans une maison de plaisance, pour concerter ensemble les moyens d'exécuter le projet qu'ils avoient formé, de faire assassiner Robespierre. En lisant le discours que ce tyran prononça à la tribune de la convention, quelques jours après la visite de la jeune Renaud, on seroit tenté de croire qu'il étoit persuadé qu'on avoit voulu en effet attenter à sa vie.

« Réjouissons-nous, disoit-il dans ce dis-
» cours, et rendons grace au ciel, puisque

» nous avons assez bien servi la Patrie pour
» avoir été jugés dignes des poignards ! Il
» est donc pour nous de glorieux dangers à
» courir. Le séjour de la cité en offre au
» moins autant que le champ de bataille.
» Nous n'avons rien à envier à nos braves
» freres d'armes ; nous payons, de plus d'une
» maniere, notre dette à la Patrie.

» Il y a quelques mois que je disois à mes
» collegues du comité de salut public : Si les
» armes de la république sont victorieuses,
» si nous étouffons les factions, ils nous assas-
» sineront ; et je n'ai point du tout été étonné
» de voir se réaliser ma prophétie.

» Entouré d'assassins, je me suis déjà
» placé moi-même dans le nouvel ordre de
» choses où ils veulent m'envoyer ; je ne
» tiens plus à une vie passagere ; je me sens
» mieux disposé à attaquer avec énergie tous
» les scélérats qui conspirent contre mon
» pays et contre le genre humain. Je leur
» laisserai du moins un testament, dont la
» lecture fera frémir les tyrans et tous leurs
» complices ; je révélerai peut-être des se-
» crets redoutables, qu'une sorte de prudence
» pusillanime m'auroit déterminé à voiler.
» Si les mains perfides qui dirigent la rage

» des assassins ne sont pas encore visibles
» pour tous les yeux, je laisserai au temps
» le soin de lever le voile qui les couvre ».

» J'ai assez vécu ; j'ai vu le peuple Fran-
» çais s'élancer du sein de l'avilissement au
» faîte de la gloire. J'ai vu ses fers brisés,
» et les trônes coupables qui pesent sur la
» terre, près d'être renversés sous ses mains
» triomphantes.

» Achevez, citoyens, achevez vos sublimes
» destinées. Vous nous avez placés à l'avant-
» garde pour soutenir le premier effort des
» ennemis de l'humanité ; nous mériterons
» cet honneur, et nous vous tracerons de
» notre sang la route de l'immortalité ».

En exagérant ainsi les prétendus dangers
qu'il avoit courus, Robespierre ne s'occupoit
qu'à affermir sa tyrannie. Pour la rendre
plus formidable encore, il trouvoit que ses
agens ne versoient pas assez de sang humain.
Quoique les assassinats juridiques se multi-
pliassent chaque jour, il se plaignoit souvent
de ce qu'on n'égorgeoit pas à-la-fois un assez
grand nombre de victimes. Il surpassoit encore en cruauté, les féroces Dumas, Fouquier et Coffinhal.

Aussi leur fit-il plus d'une fois des reproches de ce qu'ils ne vouloient pas faire tomber plus de soixante têtes par jour ; il en vouloit au moins trois cents , et l'on assure même que dans des conciliabules dont il étoit l'ame, il fut question de mener au Champ de Mars trois mille proscrits à la fois , liés ensemble et attachés à une longue chaîne de fer , et de faire tirer sur eux le canon. C'est en formant ces projets sanguinaires , que ce tigre , entouré des cadavres dont il avoit couvert la France , osa invoquer l'auteur de la nature , et demander qu'on célébrât une fête en l'honneur de l'Etre suprême.

Dans ces affreuses circonstances , tout sembloit annoncer que la puissance de Robespierre seroit inébranlable. Ses collegues du comité le flagornoient de la maniere la plus servile. Barrere l'appeloit , dans ses *carmagnoles* , le républicain incorruptible , et le patriote par excellence. Le vil Couthon faisoit à chaque instant l'éloge emphatique des vertus de son maître ; tandis que Saint-Just poussoit la démence jusqu'à lui rendre des hommages divins , et à exiger qu'on partageât sa stupide admiration. Robespierre n'étoit pas seulement loué par ses complices , il avoit des écrivains à gages , qui étoient

assez

assez déhontés pour le mettre au-dessus des héros de l'antiquité.

Si l'on rencontroit Robespierre dans les rues, on l'appercevoit entouré de satellites qui lui étoient dévoués. Le même cortège l'accompagnoit dans les cérémonies publiques, au milieu des Jacobins, et jusqu'à la porte de la convention.

Lorsqu'il avoit prononcé un discours à la tribune, des crieurs forcenés se répandoient dans la ville, et annonçoient le grand discours, *le sublime discours de Maximilien*.

Ses courtisans étoient parvenus à un tel point de dégradation, qu'on en a vu pousser la bassesse jusqu'à baiser respectueusement sa main.

Le tyran exerçoit un empire si absolu sur tous les esprits, que la convention même alloit au devant des désirs de ce monstre. Elle décréta en effet, sur sa demande, qu'on célébreroit une fête en l'honneur de l'Etre suprême ; et comme il vouloit y remplir les fonctions de grand prêtre, il se fit nommer président, pour jouir des honneurs de la prééminence pendant la cérémonie. Il parut sur l'estrade élevée dans le jardin des tuileries, vêtu d'un habit bleu, tenant un bou-

F

quet à la main, et tout rayonnant de gloire.
Après avoir prononcé un discours emphatique, il se mit à la tête de la convention
pour se rendre au Champ de Mars. Arrivé
sur le sommet de la montagne qu'on y avoit
construite, il agita d'une main son bouquet
de l'autre son chapeau, et ce fut ainsi qu'il
invoqua l'Etre suprême.

Quoiqu'à cette époque l'autorité de Robespierre fut sans bornes, Payan, un de ses
complices, vouloit l'accroître encore, comme
on le verra par la lettre suivante qu'il lui
écrivit quelques jours après la fête de l'Etre
suprême, à l'occasion de la fameuse conspiration de Catherine Théos.

« Je crois, citoyen, disoit Payan à Robespierre, que vous vous occupez dans ce moment
d'un rapport relatif à Catherine Théos et aux
scélérats qui ont profité du décret rendu à ce
sujet, pour réveiller le fanatisme presqu'é-
teint. Il me paroît très-important et très-ur-
gent. Je crois devoir vous soumettre quelques réflexions sur cet objet ; je ne les présente qu'à vous seul ; si elles sont mauvaises,
elles ne produiront point d'effets dangereux, si
elles sont bonnes, je les confie à un citoyen
qui pourra en tirer un parti favorable à la

cause de la liberté. Après le foible rapport du comité de sûreté générale , il faut que le comité de salut public en présente un imposant, d'un intérêt général , propre à faire oublier le premier , propre à rejeter sur le gouvernement toute la confiance que le rapport de Catherine Théos a fait perdre au comité de sûreté générale ; un rapport , en un mot , philosophique , présentant le rapide tableau de toutes les factions , désignant les liaisons qu'elles ont entr'elles , et les anéantissant toutes au même instant.

» J'irai d'abord au fait , je vous présenterai franchement mon opinion ; mon cœur vous est ouvert dans ce moment , et il n'est aucune des réflexions de mon esprit , qui ne vous soit soumise , et que mon cœur n'avoue sans peine. Le comité de sûreté générale , soit jalousie , soit petitesse des hommes qui le composent , soit tendance naturelle à toutes les autorités de s'élever au-dessus des autres , soit qu'il fut piqué de n'avoir pas dénoncé lui-même Hébert et Danton , a voulu dévoiler une conspiration ; mais il n'a fait qu'une comédie ridicule et funeste à la patrie , tandis que le comité de salut public avoit fait de grandes choses qui ont sauvé la république. Plusieurs des

membres du comité de sûreté générale croient
avoir à se plaindre du gouvernement ; Amar
n'oublie pas qu'il lui a reproché , avec raison ,
d'avoir fait un rapport de procureur, dénué
de vues politiques ; tel , en un mot , qu'il fal-
lut, d'après lui , renvoyer Chabot et ses complices , au tribunal criminel, et non au tribunal révolutionnaire ; il ne sut pas profiter des
moyens mis en ses mains pour faire abhorrer
les hommes corrompus , et pour convaincre
la France que cette faction étoit née des factions réunies du royalisme et de l'étranger ;
il ne vit que *Chabot* et l'argent qu'il avoit volé ;
il oublia les conspirations précédentes ; il
n'embrassa ni la France , ni la révolution , ni
l'avenir ; il ne vit rien en législateur ; et le fil
qui unissoit les conspirations de *Chabot* et de
Brissot, échappa à sa vue débile et peu exercée.

» Eh bien ! dans ce comité , vous ne trouve-
rez que des idées de ce genre , et tous ses rapports ont été dictés par d'autres principes que
par ceux d'une politique éclairée. Les membres qui le forment fonttout avec légèreté ,
sans réflexions ; ils ont besoin d'être bien gui-
dés , et non de diriger en rien. Je ne crains
pas de le dire, il vaudroit mieux, dans ce comité , des hommes avec des talens très-mé-

diocres , et qui se laisseroient conduire par le gouvernement, que des hommes même de génie. Dans le premier cas, tout iroit bien, et l'unité d'action sauveroit la patrie. Dans le second cas , il y auroit deux centres de gouvernement ; de là le frottement perpétuel de l'un d'eux contre le centre le plus utile, le mieux dessiné, le plus marqué ; et pendant ce temps de tourmente, la patrie courroit les plus grands dangers.

» Mais un comité plus nuisible encore, c'est celui qui n'a ni le génie de créer , ni la modestie de se taire et de se laisser diriger.

» Il seroit inutile que je vous développasse les motifs qui ont dicté le rapport de Vadier ; quelque jour , peut-être, nous découvrirons qu'il est le fruit d'une intrigue contre-révolutionnaire. En attendant , avec les données que nous avons , et en supposant qu'un intrigant ait inspiré ce rapport, il est certain que la petite jalousie du comité de sûreté générale l'a fait adopter et applaudir avec transport ; le comité de salut public a paru y mettre opposition ; celui de sûreté générale l'a trouvé meilleur ; et ce rapport, résultat de passions particulières, et non de profondes réflexions politiques , a produit tous les mau-

vais effets que devoient avoir prévus les personnages sages.

» Je suis loin de vouloir, par ce rapproche-
ment, exciter des divisions entre les deux comités ; vous me rendrez la justice de ne pas
même avoir cette idée , ou de la repousser,
si elle entroit dans votre esprit. Il n'est que
vous seul auquel je croie pouvoir confier ces
pensées : mais seroit-il inconséquent de présenter vaguement à ses amis des réflexions sur
ces objets , et de leur faire sentir que le comité
de salut public sauveroit la chose publique.....
Quoique l'autre soit utile? Ainsi , d'amis en
amis , chacun présente les mêmes réflexions ;
bientôt il croit qu'il les a faites lui-même le
premier , il s'y attache , il les défend , et l'o-
pinion publique se forme et se compose. Je
comprends très-bien qu'il faut une grande prudence , qu'il faut éviter des secousses propres
à développer entre les deux comités des germes de division qui feroient rire les malveillans , et dont ils profiteroient avec habileté.

» Mais encore doit-on sonder le précipice,
qu'il faut combler, et non s'en éloigner avec
un respect craintif qui deviendroit fatal à la
patrie.

» Je reviens au fait. Il faut opposer à une

farce qui seroit ridicule, si elle n'avoit été funeste, un rapport intéressant; il faut d'abord
attaquer le fanatisme, donner une nouvelle
vie aux principes sublimes développés dans
votre rapport sur les idées religieuses, faire
disparoître les dénominations de la supersti-
tion, ces *pater*, ces *ave*, ces épîtres prétendus
républicains; organiser les fêtes publiques,
décréter que les moindres détails de ces fêtes
seront déterminés avec soin et précision, favoriser sur-tout l'opinion éclairée du peuple
qui prend la *mère-dieu* pour une folle, frapper
néanmoins les auteurs, les imprimeurs, les
journalistes et *Bouland*, qui ont profité de
cette circonstance pour défigurer la fête à l'E-
tre-suprême, punir aussi quelques défenseurs
officieux, *Chauvau-Lagarde*, par exemple, duquel j'ai une pièce parlante contre *Marat*;
attaquer tous ceux qui ont essayé de perver-
tir la morale publique, et renverser enfin
Bourdon et ses complices. Le rapport de *Vadier*
a été inspiré par des hommes qui vouloient
faire oublier ces derniers: eh bien! qu'ils revi-
vent un instant pour périr ensuite avec ces
journalistes qui ont eu la lâcheté ou la mal-
veillance de ne rien dire de la fameuse séance
relative au tribunal révolutionnaire; qu'ils

soient punis avec les journalistes qui crai-
gnent, disent-ils, en combattant des membres de la convention, de paroître attaquer la
Montagne et la représentation nationale, et
qui, durant le règne de *Brissot*, avoient tant
de courage pour dénoncer les députés les plus
zélés défenseurs du peuple. Prenez-y garde,
les *Bourdon et ses complices* s'enveloppent aujourd'hui d'un hypocrite silence, ils tâchent
de se sauver à l'aide de l'obscurité où ils se
plongent, et ils ont des scélérats qui les aident
dans leurs perfides projets. Craignez qu'en
mettant un long intervalle entre la séance où
ils s'élevèrent contre le gouvernement, et le
moment que l'on choisira pour les dénoncer,
le rapport qui sera fait alors, produise moins
d'effet, et qu'il ait moins de partisans.

» Apprenez à tous les citoyens de la France,
qu'une *mort infâme* attend tous ceux qui s'op-
poseront au gouvernement révolutionnaire ;
que les étrangers voient l'énergie du gouvernement, et qu'ils tremblent ! que les suggé-
reurs de rapport fassent des réflexions salutaires, et que le comité de salut public ac-
quiere, s'il est possible, et plus de confiance,
et plus d'importance, et plus d'autorité. Qu'il
emploie toute la masse du pouvoir qu'on lui

confie , au salut de la république ; augmentons cette masse , pour qu'elle écrase plus facilement les conspirateurs. Toute l'autorité que nous gardons est morte , est inutile à la patrie ; qu'elle aille se vivifier , s'utiliser au centre du gouvernement.

» Vous ne pouvez pas choisir de circonstance plus favorable pour frapper tous les conspirateurs. L'on sent que toutes nos victoires sont le fruit de vos travaux : elles imposent silence aux malveillans. Mais voulez-vous aterrer en même temps, et ces derniers, et les despotes ? remportez de grandes victoires dans l'intérieur ; faites un rapport qui frappe à la fois toutes les conspirations ; décrétez des mesures salutaires pour les journaux ; que les fonctionnaires publics , responsables , puisqu'ils sont les ministres de la morale , soient dirigés par vous ; qu'ils servent à centraliser, à uniformiser l'opinion publique, c'est-à-dire, le gouvernement moral , tandis que vous n'avez centralisé que le gouvernement physique, le gouvernement matériel.

» Si l'on éprouvoit des revers toujours possibles quoiqu'inattendus , ou si les malveillans ne bourdonnoient plus , ils échapperoient, ou du moins ils ne seroient pas jugés aussi sévè-

rement par le peuple que par vous. Faites ,
je vous le répete , un rapport vaste qui embrasse tous les conspirateurs, qui montre toutes les conspirations réunies en une seule, que
l'on y voie des fayétistes , des royalistes , des
fédéralistes , des hebertistes , des dantonistes
(Rousselin et autres) et des Bourdons. Déve-
loppez , avec votre philosophie ordinaire , les
liaisons et les rapports que la faction qui do-
mine a sans doute avec toutes les précédentes.
Il seroit indigne du comité , de vous , des circonstances , de présenter un rapport partiel.
Travaillez en grand , et comme les législateurs d'une immense république. Mais je
m'apperçois que je m'oublie , et que je vous
donne mes réflexions comme des avis. Je vous
ai parlé avec franchise ; plusieurs morceaux
de cette lettre pourroient compromettre ma
tranquillité personnelle, sans être utile à la
chose publique. Je vous prie de la brûler , et
d'excuser le galimatias double qu'elle renfer-
me dans plusieurs endroits. Je n'ai pas le
tems de la relire.

Salut et fraternité. *Signé* PAYAN.

Une lettre anonyme trouvée sous les scellés de Robespierre , et qui a dû lui être écrite
à la même époque que celle qu'on vient de

transcrire, puisqu'on y parle de la fête de l'Etre-suprême, annonce que l'incorruptible Robespierre avoit des correspondances dans les pays étrangers, et qu'il y avoit fait passer des fonds. Cette lettre mérite d'être connue ; elle est conçue en ces termes :

« Sans doute vous êtes inquiet de ne pas avoir reçu plutôt des nouvelles des effets que vous m'avez fait adresser, pour continuer le plan de faciliter votre retraite dans ce pays. Soyez tranquille sur tous les objets que votre adresse a su me faire parvenir, depuis le commencement de vos craintes personnelles, et non sans sujet. Vous savez que je ne dois vous faire de réponse que par notre courrier ordinaire ; comme il a été interrompu dans sa derniere course, ce qui est cause de mon retard aujourd'hui. Mais lorsque vous le recevrez, vous emploierez toute la vigilance qu'exige la nécessité *de fuir un théâtre où vous devez bientôt paroître et disparoître pour la derniere fois.* Il est inutile de vous rappeler toutes les raisons qui vous exposent ; car le dernier pas qui vient de vous mettre sur le *sopha de la présidence* vous rapproche de l'échafaud, où vous verriez cette canaille qui vous cracheroit au visage, comme elle a fait à

ceux que vous avez jugés. *Egalité*, dit d'*Orléans*, vous en fournit un assez grand exemple. Ainsi, puisque vous êtes parvenu à vous
former ici UN TRÉSOR SUFFISANT pour exister
long-temps, ainsi que les personnes, pour qui
j'en ai reçu de vous, je vous attendrai avec
grande impatience, pour rire avec vous du
rôle que vous aurez joué, dans le trouble
d'une nation, aussi crédule qu'avide de nou-
veautés... Prenez votre parti, d'après nos ar-
gemens ; tout est disposé. Je finis, notre
courrier part ; je vous attends pour réponse.

On a vu par la lettre de Payan que les
membres des comités n'étoient pas d'accord.
Le comité de salut public étoit en effet divisé en trois partis bien prononcés. Deux de
ces partis formoient chacun un triumvirat.
Un de ces triumvirats étoit composé de Robespierre, de Saint-Just et de Couthon ;
l'autre de Barrere, de Collot d'Herbois, de
Billaud de Varennes. Dans l'un et dans l'autre, il y avoit un égal désir de dominer,
une même émulation à proscrire; tous les
deux maîtrisoient la convention, insultoient
au public par de faux rapports, et mépri-
soient le peuple. Mais dans celui qui comptoit Robespierre pour un de ses membres,

il y avoit plus d'insolence encore et de férocité. Robespierre avoit subjugué Saint-Just et Couthon, et vouloit avec eux subjuguer le reste du comité. Ce triumvirat ne refusoit aucune des têtes que l'autre lui demandoit ; il en demandoit souvent que l'autre, ou refusait, ou n'accordoit qu'avec répugnance. Ces contradictions donnoient de l'humeur à Robespierre. Sa hauteur, ses menaces, ses injures, l'envie qu'il déguisoit mal de dominer au comité comme à la convention, rendirent Barrere, Collot, Billaud, ses ennemis irréconciliables. Ceux-ci sachant à quelle bête féroce ils avoient à faire, dissimulerent leur haine ; mais ils ne purent tellement la concentrer en eux-mêmes, qu'ils ne la laissassent souvent percer au dehors. Robespierre, par la seule maniere dont ses propositions étoient quelquefois reçues, devina ses adversaires. Ombrageux à l'excès, ne rêvant que conspirations, il se persuada qu'ils complotoient sa perte ; il voulut les devancer.

Il s'éloigna du comité, et n'assista plus à ses séances. Son absence alarma Barrere, Collot et Billaud. Ils virent bien qu'ils étoient placés dans l'alternative, ou de le perdre, ou d'être perdus par lui. Ils chercherent à lui susciter des ennemis, principalement dans le comité de sûreté générale; mais ils ne tarderent pas à s'appercevoir que la popularité le rendoit invulnérable. Ils prirent donc le parti de le caresser, de redoubler pour lui de complaisance; ils devinrent hors de l'assemblée ses courtisans les plus assidus, et dans l'assemblée, ainsi qu'aux Jacobins, ses panégyristes les plus outrés.

Robespierre devint ainsi le maître de toutes les délibérations du comité de salut public. Non-seulement on lui accordoit aveuglément ce qu'il demandoit; on n'osoit encore rien décider, sans avoir eu préalablement son avis et son agrément. Il profita de cet ascendant pour multiplier les listes de proscription; et celles qu'il présentoit avoient toujours la priorité. Ce fut toujours chez lui que Fouquier-Tinville vint assidument demander, tous les soirs, les noms de ceux qu'il falloit égorger le lendemain.

Robespierre se livra donc sans retenue à toute la férocité de son caractere. Dans les six dernieres semaines de sa vie, il fit couler des torrens de sang. Il étoit tems d'arrêter cet ennemi du genre humain dans le cours de ses assassinats. Le moment arriva enfin. Le comité de salut public ayant fait mettre, dans une maison d'arrêt, un juré du tribunal révolutionnaire, on trouva parmi ses papiers une liste de proscription dressée par Robespierre. On lisoit sur cette liste les noms de Barrere, Billaud de Varennes, Collot d'Herbois, et de plusieurs autres membres de la convention, entre autres de Tallien, Fréron, Bourdon de l'Oise, Garnier de l'Aube, Cambon.

Les députés proscrits étant instruits du sort qui les attendoit, se réunirent et arrêterent de prévenir Robespierre en l'attaquant. L'issue du combat étoit incertaine ; mais quel risque couroit-on de tenter la fortune ? Si on succomboit, on trouvoit la mort ; on la trouvoit également en restant dans l'inaction. Il n'y avoit pas à hésiter. Il fut donc résolu de commencer incessamment ce combat à mort.

Robespierre, soit pressentiment, soit qu'il eût été instruit, par ses espions, de ce qui se tramoit contre lui, s'effraya. Cet homme si vain, si insolent, descendit, pour écarter l'orage, aux supplications. Il prononça dans la convention, le 8 thermidor, un discours dans lequel il vanta son patriotisme, et conjura la convention de croire qu'il n'ambition-

noit pas la dictature ; il eut ensuite la mal-
adresse, en finissant, de s'emporter contre
ceux de ses collegues qu'il avoit proscrits.
Il en nomma quelques-uns, et entre autres
Cambon. Ceux qu'il ne nomma pas, il les désigna si bien, qu'ils ne purent se méconnoître.

Les députés désignés eurent alors l'entiere
conviction qu'il avoit juré leur mort, et ils
n'en furent que plus ardens à le devancer. La
séance fut orageuse ; mais les deux partis
s'observerent plutôt qu'ils ne se combatti-
rent ; ils furent plus timides que courageux.
De part et d'autre, les orateurs enveloppe-
rent leurs pensées de phrases mystérieuses.

Tandis que Bourdon de l'Oise demandoit
le renvoi du discours de Robespierre aux comités de sûreté générale et de salut public ,
Barrere faisoit entendre ces mots, qui n'a-
voient aucun sens : « Et moi aussi, j'estime
» la qualité de citoyen français ; dans un
» pays libre tout doit être connu ».

Cambon se plaignit de ce que Robespierre
l'avoit inculpé. Robespierre répondit qu'il
avoit attaqué le systême actuel des finances,
et non l'auteur du systême.

Vadier se plaignit également de ce que Robespierre avoit attaqué un de ses rapports.

J'ai voulu, répondit Robespierre, attaquer le rapport, et non le rapporteur.

Couthon s'opposa alors à ce que le discours de Robespierre fût renvoyé aux deux comités, et dit : « Depuis long-tems il existe un » système de calomnie contre les anciens » athletes de la révolution. *Il est des étres* » *immoraux*. La convention, dans sa majo- » rité, est un exemple de la perfection hu- » maine. Méfiez-vous des intrigans, et que, » dès aujourd'hui, la ligne de démarcation » soit prononcée ».

Parmi les députés proscrits, Fréron se montra le plus courageux. Il s'écria : « Le » moment de ressusciter la liberté est celui » de rétablir la liberté des opinions. Quel » est celui qui peut parler librement, lors- » qu'il craint d'être arrêté ? Je demande, » ajouta-t-il, le rapport du décret qui accorde » aux comités le droit de faire arrêter les » membres de la convention ».

La proposition de Fréron fut fortement appuyée.

Les membres du comité vouloient bien écraser Robespierre, mais ils ne vouloient pas qu'on les dépouillât du droit de faire arrêter un député sans l'entendre. Billaud,

surtout, frémit de la proposition de Fréron, et il la réfuta ainsi :

« Si la proposition de Fréron étoit adoptée,
» la convention seroit dans un état d'avilis-
» sement effrayant. Celui que la crainte em-
» pêche de dire son avis, n'est pas digne du
» titre de Représentant du peuple ».

Ces débats occuperent la séance, et Robespierre eut l'avantage de cette lutte ; car
il fut décrété que son discours recevroit les
honneurs de l'impression, sans être soumis à
l'examen des comités.

En sortant de la convention, Robespierre
courut aux Jacobins pour y lire son discours.
Il y excita un enthousiasme général. Les Jacobins jurerent, avec des sermens horribles,
de le défendre jusqu'à la derniere goutte de
leur sang.

Le lendemain, la séance de la convention
commença paisiblement. Elle avançoit avec
le même calme ; les heures s'écouloient ;
tout annonçoit qu'elle se termineroit sans
orage. Quelqu'intérêt qu'eussent les proscrits à faire de cette journée une journée décisive, il sembloit qu'aucun n'osoit donner le
premier signal de l'attaque ; il sembloit que
Robespierre faisoit encore trembler ses ennemis.

Tout-à-coup Saint-Just monte à la tribune, et commence le discours suivant :

« Je ne suis d'aucune faction. Je viens vous
» dire que les membres du gouvernement ont
» quitté la route de la justice. Les comités de
» salut public et de sûreté générale m'avoient
» chargé de faire un rapport sur les causes
» qui, depuis quelque temps, semblent tour-
» menter l'opinion publique..... Mais je
» ne m'adresse qu'à vous.... On a voulu ré-
» pandre que le gouvernement étoit divisé;...
» il ne l'est pas....».

L'orateur n'alla pas plus loin. Tallien l'interrompit en s'écriant :

» Aucun bon citoyen ne peut retenir ses
» larmes sur les malheurs de la patrie. Hier
» on a commencé à attaquer le gouvernement,
» aujourd'hui un autre membre vient vous
» débiter les mêmes maximes ; moi je viens
» demander que le rideau soit arraché....».

Billaud de Varennes dit alors :

» Je demande que l'on s'explique. La con-
» vention est entre deux égorgemens. Oui,
» vous frémirez d'horreur, quand vous sau-
» rez la situation où nous sommes ; que la
» force publique est entre les mains d'un
» homme que le comité a dénoncé ; qu'un

» membre l'a maintenu en place ; que, depuis
» un mois, ce membre médite la dissolution
» de la représentation nationale, et qu'enfin
» ce membre est *Robespierre.*

» Des listes de proscription ont été dres-
» sées. Je le demande : est-il un représentant
» du peuple qui voulût exister sous un ty-
» ran » ?

Robespierre, comme frappé de la foudre,
reste immobile ; lui, devant qui ses collegues
trembloient il y a deux jours, tremble à son
tour. Il s'enbardit ensuite, se leve, agite les
mains, et demande qu'il lui soit permis de
parler. Tallien lui lance un regard furieux,
lui fait un geste menaçant, lui ferme la bouche, et dit :

» Par ce que je viens de voir, les conjurés
» seront anéantis, et la liberté triomphera ».

En disant ces mots, Tallien tire un poignard, le fait briller aux yeux des spectateurs, et continue :

» C'étoit dans la maison de Robespierre où
» l'on conspiroit, où l'on dressoit des listes
» de proscription. J'ai vu la séance d'hier,
» j'ai vu celle des Jacobins, et s'il étoit pos-
» sible que le décret d'accusation ne fut pas

» porté contre Robespierre, je me tuerois à
» l'instant avec ce poignard.

» Hier un membre du tribunal révolution-
» naire voulut porter le peuple à insulter un
» représentant, et ce représentant a été in-
» sulté. On sait que Robespierre a composé
» ce tribunal. Cet homme a défendu aux jour-
» nalistes de publier ses discours avant de les
» lui avoir communiqués. Et moi j'adjure les
» journalistes patriotes de nous aider à sau-
» ver la liberté. Catilina est dans l'assem-
» blée ».

Tallien conclut, en demandant un décret
d'accusation contre Robespierre, Henriot, le
général Lavalette. Sa proposition fut fortement appuyée. Delmas et Barrere se firent
surtout remarquer. Billaud les animoit du
geste et de la voix. Collot qui présidoit, les
secondoit de tout son pouvoir. Cependant ils
n'obtinrent pas d'abord une victoire complet-
te. Il intervint seulement un décret qui mit
en arrestation Henriot, d'Aubigni, Lavalette, Dufraisse, tous les chefs de l'état-
major de la garde nationale, et Sijas.

Pendant que le président prononçoit ces diverses arrestations, Robespierre s'étoit em-
paré de la tribune. Dès qu'on s'apperçut qu'il

l'occupoit, on cria de toutes parts : *à bas, à bas le Cromwel!* Robespierre fit des efforts incroyables pour être entendu. « Tu ne parle-
» ras pas, lui cria un député, le sang de Dan-
» ton retombe sur ta tête, il coule dans ta bou-
» che, il t'étouffe ».

Écumant de rage, et grinçant les dents, Robespierre s'écrie : » Ah! ah! brigands, c'est donc Danton !.....» Vadier l'interrompit, le fit descendre de la tribune, et parla en ces termes :

» Robespierre est un tyran ; c'est un per-
» sonnage astucieux, qui a pris tous les mas-
» ques, qui s'est attaché à tous les conspira-
» teurs, et les a abandonnés pour éloigner
» les soupçons. Il a défendu Chabot, Ca-
» mille-Desmoulins, Danton.

» C'est lui qui a nommé les membres du
» tribunal révolutionnaire, et qui en a remis
» la liste à Couthon, sans la communiquer
» aux comités. Il a incarcéré, de son auto-
» rité privée, un comité révolutionnaire qui
» est connu par son patriotisme.

» Il vous a dit dans son discours qu'il ne se
» mêloit pas des arrestations. Non, il ne se
» mêle pas d'arrêter les ennemis du peuple,
» mais bien de sauver les coupables, et d'op-
» primer l'innocent.

» Vous avez rendu un décret qui envoie
» au tribunal révolutionnaire les auteurs
» d'une conspiration. Eh bien ! Robespierre
» n'a pas voulu que votre décret fût exécuté ;
» il a défendu à l'accusateur public de sui-
» vre cette affaire. Lorsque j'en ai parlé à
» l'accusateur public, il m'a répondu, en
» parlant du comité : ce n'est pas *ils*, mais
» *il* qui s'y oppose, et je ne peux faire au-
» trement.

» Robespierre a une armée d'espions qu'il
» a revêtus de pouvoirs pour s'introduire
» par-tout. Ils épient toutes les démarches,
» et les discours les plus innocens. Si l'on
» témoigne quelques inquiétudes sur la mar-
» che de Robespierre, alors Robespierre rai-
» sonne modestement ainsi : Je suis le meil-
» leur ami du peuple, et le plus grand dé-
» fenseur de la liberté ; on m'attaque, donc
» on conspire, donc il faut me défaire de ces
» gens-là. Néron raisonnoit-il autrement » ?

Le discours de Vadier produisit le plus grand
effet sur tous les esprits. De toutes parts on
vit éclater des mouvemens d'indignation. Les
tribunes, comme l'assemblée, témoignèrent
l'horreur que leur inspiroit Robespierre. Se
voyant abandonné, il se tourna vers ses com-

rent le malheur d'être pris fur les lieux. Duchâtel avoit frété pour 5,000 liv. une barque avec laquelle il devoit fe mettre en mer , fans trop favoir où il débarqueroit. Il songeoit uniquement à s'éloigner de Bordeaux. Le patron prit fon argent & l'abandonna feul & fans vivres dans la barque. Après d'inutiles regrets, il n'eut d'autre parti à prendre que de chercher à gagner terre & de fuir de ce lieu. Il rentra dans Bordeaux : il eut l'imprudence de s'y montrer, fans toutefois fe faire connoître. Un hazard malheureux le perdit. Il étoit à-peu-près de la taille de Péthion. Il pouvoit y avoir dans fon teint & dans quelques uns de fes traits, une forte de conformité fuffifante pour faire prendre le change à des porteurs de fignalement, fans que d'ailleurs il y eut entre eux la moindre reffemblance. On le prit pour Péthion : on fuivit fes pas : on découvrit fon logement : il fut furpris dans la nuit fans pouvoir faire ufage de fes piftolets qu'il avoit toujours auprès de lui, comme le préfervatif de l'échaffaud. Il fut traduit à Paris où il perdit la vie.

Peu de temps après Biroteau qui avoit quitté Lyon, pour ne pas autorifer par fa préfence les vues ariftocratiques des chefs de l'infurrection de cette ville, Biroteau arriva à Bordeaux fous un nom emprunté , muni de paffe-ports & d'atteftations de la meilleure efpece. Défefpérant

Désespérant comme nous de la chose publique, il s'occupa de son salut, & croyant le mieux assurer, il s'engagea canonnier dans un corsaire qui étoit au bas de la riviere. Précaution inutile ! il fut reconnu, trahi, pris & décapité dans moins de vingt-quatre heures.

Vers le même temps à-peu-près nos collégues restés à Quimper, s'embarquerent pour venir nous joindre. En arrivant au Bec-d'Ambès, ils apprirent les changements survenus à Bordeaux. Ils ne songerent qu'à s'en éloigner. On fut instruit de leur arrivée : on les poursuivit : ils eurent le bonheur d'échapper ; mais presque tout ont péri dans la suite.

J'étois depuis quarante jours à l'école des sourds-muets, lorsque les commissaires de la Réole firent leur entrée à Bordeaux. Je ne sais quel presseniment me fit craindre qu'ils ne vinssent visiter la maison : je n'y voulus plus rester. Je communiquai mes craintes à mon beau-frere. Il me proposa de me réfugier chez notre ami commun Texier, qui vivoit à la campagne à quelques lieues de Bordeaux dans le district de Bourg. Mais il me demanda le temps d'obtenir son aveu ; je m'obstinai à partir la nuit même ; & ce fut mon salut. Les commissaires allerent visiter la maison le jour suivant de grand matin, autant par curiosité, que pour avoir l'air de protéger un établissement utile. Ils en-

sident et tous les membres de l'assemblée, dans les termes les plus injurieux ; un député dit : « président ? est-ce qu'un homme sera le maître de la convention ». Lozeau : « aux voix l'arrestation des deux freres ».

Billaud de Varennes. --- J'ai des faits positifs, que Robespierre ne pourra pas dénier. Je citerai d'abord le reproche qu'il a fait au comité, d'avoir voulu désarmer les citoyens.

Oui, s'écria Robespierre, *j'ai dit qu'il y avoit des scélérats*.... Des murmures l'empêchent de continuer.

Billaud de Varennes ajouta. --- « Je disois que Robespierre a reproché au comité d'avoir désarmé les citoyens. Eh bien, c'est lui seul qui a pris cet arrêté. Il accuse le gouvernement d'avoir fait disparoître tous les monumens consacrés à l'Etre suprême : eh bien, apprenez que c'est par Couthon...... Ce dernier, prenant la parole, s'écria : *oui, j'y ai coopéré.*

Aux voix l'arrestation, crient plusieurs membres. Le président l'ayant mise aux voix, elle fut décrétée.

» Je ne veux pas partager l'opprobre de ce décret, dit Lebas, en fureur ; je demande aussi un décret d'arrestation ».

Comme on n'avoit encore prononcé qu'un décret contre Robespierre aîné, plusieurs députés demanderent que ce décret fut étendu a Robespierre jeune, à Saint-Just, à Couthon et à Lebas.

Le président mit cette proposition aux voix, et elle fut décrétée au milieu des plus vifs applaudissemens.

Collot d'Herbois dit alors : --- « Il est une mesure que je crois essentielle ; c'est de demander que Saint-Just dépose sur le bureau le discours qu'il devoit prononcer, pour contribuer aussi à amener la contre-révolution ».

Cette proposition ayant été adoptée, Collot dit : -- « vous venez, citoyens, de sauver la patrie. — La patrie soupirante, et le sein presque déchiré, ne vous a pas parlé en vain. Vos ennemis disoient qu'il falloit encore un 31 mai.

Il en a menti, s'écria brusquement Robespierre aîné.

Clausel demanda que les huissiers exécutassent le décret d'arrestation.

A la barre, à la barre, crie-t-on de toutes parts. D'autres voix : *oui, oui, à la barre*.

La convention ayant décrété cette proposition, les prévenus descendirent enfin à la barre.

G 2

Collot reprenant la parole, dit : — « citoyens, la patrie sourit à votre énergie. Ses ennemis disoient qu'il falloit une insurrection du 31 mai. Non, ce n'étoit pas une insurrection qu'il falloit, car cent mille contre-révolution-naires étoient prêts à saisir le premier mouve-ment pour égorger la liberté. Je le dirai, c'é-toient les véritables proscriptions de Sylla ; car il ne s'agissoit pas ici d'amis ou d'ennemis du peuple ; il s'agissoit de proscrire ceux qui ne vouloient pas obéir à tel ou tel individu. Je vais citer un fait qui prouvera que Robes-pierre, qui depuis long-temps ne parloit que de Marat, a toujours détesté cet ami constant du peuple. A la fête funèbre de Marat, Robes-pierre parla long-tems à la tribune qu'on avoit dressée devant le Luxembourg, et le nom de Marat ne sortit pas une seule fois de sa bouche. Le peuple peut-il croire qu'on aime Marat, quand on déclare avec humeur qu'on ne veut pas lui être assimilé » ?

« Je dois, dit dans ce moment Dubois de Crancé, rendre hommage à la sagacité de Marat ; à l'époque du jugement de Capet, il me dit, en parlant de Robespierre : — *tu vois bien ce coquin-là ?* — Comment coquin ? — *Oui,* reprit-il, *cet homme est plus dangereux pour la liberté, que tous les despotes coalisés* ».

Tandis qu'on discutoit à la convention, les partisans de Robespierre ne perdirent pas un moment pour rassembler et électriser leurs complices.

L'antre des Jacobins et la maison commune étoient les deux repaires où s'aiguisoient les poignards qui devoient sauver le tyran.

Le parti de Robespierre prenoit toutes les précautions qu'exigeoit la gravité des circonstances. Les Jacobins se réunissoient dans leur salle, et envoyoient des conjurés soulever les sections, le camp de la plaine des Sablons, les ouvriers de Grenelle. La commune faisoit sonner le tocsin ; elle couvroit la Grève d'hommes armés, et faisoit traîner sur le quai Pelletier des pieces d'artillerie. Elle faisoit fermer les barrieres de la ville, et invitoit les sections à la révolte par la proclamation suivante :

« Une faction veut opprimer les patriotes. » Du courage ! — Le point de réunion est à la » commune, et le brave Henriot exécute ses » ordres : vous ne devez obéir qu'à lui seul ».

De son côté Henriot parcouroit les rues entouré de gendarmes. S'avançant au milieu

des groupes, il crioit : « A moi, mes amis !
» qui m'aime me suive ; aux armes ! on
» égorge dans ce moment, on assassine le
» citoyen Robespierre ».

Tandis que la commune s'apprêtoit à soutenir un siége, et concertoit avec les Jacobins, avec le tribunal révolutionnaire, avec
la plupart des membres des comités révolutionnaires, une sanglante insurrection, des
gens envoyés par Henriot se précipitoient vers
le palais des Tuileries ; des canonniers traî-
noient leurs canons jusqu'aux portes de l'assemblée nationale, et les tournoient contre
elle ; une horde d'hommes armés pénétroit
dans la salle où étoient réunis les comités
de sûreté générale et de salut public, et vouloit en arracher les cinq députés décrétés d'accusation ; mais des soldats fideles mirent en
fuite les bandits qui assiégeoient les comités ;
s'emparerent des cinq prévenus et les condui-
sirent en prison.

Le concierge du Luxembourg ayant refusé
de recevoir Robespierre, celui-ci fut conduit
à la maison commune, où il fut accueilli
avec de bruyans applaudissemens.

Instruite de la révolte de la commune, la
convention en mit les membres hors la loi.

Henriot se présenta de nouveau dans la cour des Tuileries, avec un petit nombre de scélérats qu'il avoit ramassés. Sans s'effrayer de cette audace, la convention le mit hors la loi. Aussitôt mille voix crierent au-dehors : « Arrêtez Henriot ; il est hors la loi » ! Henriot, épouvanté de ces cris, quitta brusquement le champ de bataille, et alla se réunir à Robespierre. La convention mit également hors la loi Robespierre et les autres députés qui étoient assemblés à la maison commune.

En prononçant ce décret, Thuriot, qui dans ce moment présidoit, s'écria : « Les conspi-
» rateurs sont hors la loi ; il est du devoir
» de tout républicain de les tuer ; le Panthéon
» attend celui qui apportera la tête du scé-
» lérat Henriot » !

Deux des députés qui s'étoient mis à la tête de la force armée, suivis des citoyens armés des sections des Gravilliers, des Arcis et des Lombards, marcherent en bon ordre sur la commune. Les canonniers qu'elle avoit mis en bataille sur le quai Pelletier, instruits par ces deux députés que tous ses membres étoient hors de la loi, tournerent contre elle-même leurs canons. La maison commune fut investie, et ils entrerent dans la salle où les

conjurés délibéroient. A la vue des deux députés, l'effroi les saisit; ils perdirent tout
espoir. Robespierre, aussi lâche que cruel,
se cacha dans une des salles de la maison
commune. On l'y trouva pâle et tremblant,
bloti contre un mur. Un gendarme, en l'appercevant, lui tira deux coups de pistolet,
dont un lui cassa la machoire. Il tomba bai-
gné dans son sang. On le releva, et on le
plaça sur un fauteuil de cuir rouge. Sa machoire inférieure étant détachée, on passa, pour
la rapprocher de l'autre, une bande sous son
menton, qu'on noua sur sa tête. Ce fut dans
ce déplorable état qu'on le conduisit sur les
six heures et demie du matin, au comité de
sûreté générale; il tenoit dans sa main droite
un mouchoir blanc sur lequel il appuyoit
son menton. Lorsqu'il arriva au comité, on
demanda à la convention si elle vouloit qu'il
parut à la barre : « Non, non, s'écria-t-on
» d'une voix unanime, il ne faut pas que
» cette enceinte soit souillée par la présence
» de ce scélérat ». Il fut donc déposé au comité de sûreté générale, où on l'étendit sur
une table ; le malheureux, le visage pâle, la
tête ouverte, les traits hideusement défigu-
rés, rendant à gros bouillons le sang par les

yeux, les narrines et la bouche, reçut, pendant plusieurs heures, les injures et les reproches de ceux qui l'environnoient. On a assuré que la plupart des spectateurs lui crachèrent au visage, en l'accablant de malédictions. Il parut souffrir avec patience ces outrages. Il ne lui échappa aucune plainte, et il ne répondit à aucune des questions que lui firent ses collègues du comité.

Sur les neuf heures du matin on le plaça de nouveau sur le fauteuil qui avoit servi à le conduire au comité, et on le transporta à l'Hôtel-Dieu, au milieu d'une multitude immense qui accouroit sur son passage. Un chirurgien ayant mis un appareil sur ses blessures, il fut tiré de l'hospice et conduit à la Conciergerie, où il fut jeté dans un cachot pour y attendre le bourreau; mais avant de lui être livré, il fut conduit à l'audience du tribunal révolutionnaire, pour y être reconnu. Cette formalité ayant été remplie, le bourreau s'empara de Robespierre et de ses complices.

A quatre heures du soir, le 10 thermidor, le cortege sinistre sortit de la cour du palais. Jamais on avoit vu une telle affluence de peuple. Les rues étoient engorgées. Des spec-

tateurs dè tout âge, de tout sexe, remplissoient les fenêtres ; on voyoit des hommes
montés jusques sur le faîte des maisons.
L'allégresse étoit universelle. Elle se mani-
festoit avec une sorte de fureur. Plus la haine
qu'on portoit à ces scélérats avoit été com-
primée, plus l'explosion en étoit bruyante.
Chacun voyoit en eux ses ennemis. Chacun
applaudissoit avec ivresse, et sembloit re-
gretter de ne pouvoir applaudir davantage.
Les regards s'attachoient surtout à la charrette qui portoit les deux Robespierre, Couthon et Henriot. Ces misérables, mutilés et
couverts de sang, ressembloient à des bandits que la gendarmerie a surpris dans un
bois, et dont elle n'a pu se saisir qu'en les
blessant.

On remarqua que Robespierre avoit, en
allant à l'échafaud, le même habit qu'il portoit le jour où il avoit proclamé l'existence
de l'Etre suprême au Champ de Mars.

Il est difficile de peindre sa contenance.
Rien ne rappeloit l'idée de la suprême puissance qu'il exerçoit vingt-quatre heures auparavant. Ce n'étoit plus le tyran des Jacobins, ni le dominateur insolent de la convention ; c'étoit un malheureux, dont le visage

étoit à moitié couvert par un linge sale et
ensanglanté. Ce qu'on appercevoit de ses
traits, étoit horriblement défiguré. Une pâleur livide achevoit de le rendre affreux.
Soit qu'il fut accablé par les douleurs que lui
causoient ses blessures, ou que son ame fut
déchirée par les remords causés par le souvenir de ses forfaits, il affecta d'avoir les
yeux baissés et presque fermés.

Ce fut dans cet état qu'il traversa les quais
et la rue Saint-Honoré. Arrivé au milieu de
la rue ci-devant royale, il fut tiré de l'espece de létargie dans laquelle il étoit, par
une circonstance qui mérite d'être conservée
dans l'histoire.

Une femme l'attendoit dans cet endroit.
Elle étoit proprement habillée et d'un âge
moyen. En appercevant la charrette qui portoit Robespierre, elle fendit la presse et saisit
avec une de ses main les barreaux de la charrette. La contenance et la maniere de s'exprimer de cette femme, annonçoient qu'elle
avoit reçu la meilleure éducation. Tandis
qu'elle étoit attachée à la charrette par une
de ses mains, elle menaçoit de l'autre Robespierre, et lui crioit : « monstre, vomi par
» les enfers, ton supplice m'enivre de joie ».

A ces mots Robespierre entr'ouvrit les yeux et leva les épaules. « Monstre abominable, » continua cette femme, je n'ai qu'un regret, » c'est que tu n'aye pas mille vies pour jouir » du plaisir de te les voir toutes arracher » l'une après l'autre ». Cette nouvelle apostrophe parut importuner Robespierre; mais il ne rouvrit pas ses paupieres. Alors la femme courageuse lui dit en le quittant près de l'échafaud : « Vas , scélérat, descends au » tombeau avec les malédictions de toutes » les épouses , de toutes les meres de fa- » mille »! On a présumé que Robespierre avoit privé cette femme d'un époux ou d'un fils. Ses accens douloureux durent pénétrer dans son ame. Cette torture morale étoit sans doute bien foible pour expier des crimes aussi énormes que ceux dont Robespierre s'é- toit rendu coupable ; mais ce fut au moins une satisfaction pour les ames sensibles d'apprendre que ce monstre l'avoit éprouvée, et qu'elle avoit pu augmenter l'horreur du supplice trop doux qu'il alloit subir.

Lorsque la charrette fut arrivée au pied de l'échafaud , les valets du bourreau descendirent le tyran et l'étendirent par terre jusqu'au moment où son tour vint de recevoir la mort. On observa que pendant le tems qu'on exécutoit ses complices, il ne donna aucun signe de sensibilité. Ses yeux furent constamment fermés, et il ne les rouvrit que lorsqu'il se sentit transporter sur l'échafaud. On prétend qu'en appercevant le fatal instrument, il poussa un douloureux soupir; mais avant de recevoir la mort, il eut une souffrance cruelle à endurer. Après avoir jeté son habit, qui étoit croisé sur ses épaules, le bourreau lui arracha brusquement l'appareil que le chirurgien avoit mis sur ses blessures. La machoire inférieure se détacha alors de la machoire supérieure, et laissant jaillir des flots de sang, la tête de ce misérable n'offrit plus qu'un objet monstrueux et dégoutant. Lorsqu'ensuite cette tête effroyable eut été coupée, et que le bourreau la prit par les cheveux pour la montrer au peuple, elle présenta l'image la plus horrible qu'on puisse se peindre.

C'est ainsi que le plus grand scélérat que la nature humaine ait produit, a terminé sa carriere. S'il n'eut pas été arrêté dans le cours de ses attentats; s'il eut vécu encore six mois, il eut fait exterminer le tiers de la population de la France.

Puisse l'exécration de la génération présente et de la postérité, s'attacher sans cesse
à sa mémoire, et remuer éternellement ses
cendres, pour appaiser les mânes des victimes
que ce monstre a immolées à sa fatale ambition !

Nous terminerons cette épouvantable histoire par le portrait de ce scélérat, qui fut
tracé quelques jours après son supplice.

Robespierre a vécu 35 ans. Sa taille étoit
de 5 pieds 2 ou 3 pouces ; son corps étoit
jeté d'à-plomb ; sa démarche étoit ferme,
vive et même un peu brusque ; il crispoit
souvent les mains, comme par une espece de
contraction de nerfs ; le même mouvement
se faisoit sentir dans ses épaules et dans son
col, qu'il agitoit convulsivement à droite et
à gauche ; ses habits étoient d'une propreté
élégante, et sa chevelure toujours soignée ;
sa physionomie, un peu renfrognée, n'avoit
rien de remarquable ; son teint étoit livide et
bilieux, ses yeux mornes et éteints ; un cli-
gnement fréquent sembloit la suite de l'agitation convulsive dont on vient de parler ; il
portoit presque toujours des lunettes.

Il savoit adoucir avec art sa voix naturellement aigre et criarde, et donner de la grace

à son accent artésien ; mais il n'avoit jamais regardé en face un honnête homme.

Il avoit calculé le prestige de la déclamation, et, jusqu'à un certain point, il en possédoit le talent ; il se dessinoit assez bien à la tribune ; l'antithese dominoit dans ses discours, et il manioit assez souvent l'ironie ; son style n'étoit point soutenu ; sa diction, tantôt harmonieusement modulée , tantôt âpre, brillante quelquefois, et souvent triviale, étoit toujours cousue de lieux communs et de divagations sur la *vertu*, le *crime*, les *conspirations*. Orateur médiocre , lorsqu'il avoit préparé son discours ; s'il s'agissoit d"improviser, il étoit au-dessous de la médiocrité. Alors il couroit après ses idées fugitives , comme un homme endormi après le fantôme de son rêve ; sa logique étoit toujours assez pure , et souvent adroite dans ses sophismes ; il refutoit avec clarté , mais en général sa tête étoit stérile, et la sphère de sa pensée étroite , comme il arrive presque toujours à ceux qui s'occupent trop d'eux-mêmes. En effet, avec tous ces grands mots de *vertu*, de *patrie*, il ne pensoit qu'à lui. L'orgueil étoit le fonds de son caractère, la gloire littéraire étoit un de ses vœux ; il ambitionnoit plus encore la gloire politique ; il parloit avec mépris de Pitt, et il ne voyoit rien au-dessus de ce ministre, si ce n'est lui-même.

Les prétendues injures des journaux anglais chatouilloient délicieusement son cœur ; quand il les dénonçoit, son accent, son expression trahissoient la jouissance de son amour-propre ; c'étoit un délice pour lui d'entendre nommer les armées françaises, *les troupes de Robespierre ;* il savouroit comme des madrigaux les sarcasmes du duc d'Yorck ; il se plaisoit à peser, comme tyran lui-même, dans la balance des tyrans. A la fois audacieux et lâche, il couvroit ses manœuvres d'un voile épais, et souvent il désignoit ses victimes avec hardiesse. Un représentant faisoit-il une proposition qui lui déplut, il se retournoit brusquement, et l'envisageoit d'un air menaçant, pendant quelques minutes. Foible et vindicatif, sobre et sensuel, chaste par tempéramment, et libertin par imagination, les regards des femmes n'étoient pas les derniers attraits de son pouvoir suprême, il aimoit à les attirer ; il mêloit la coquetterie dans son ambition ; il faisoit emprisonner des femmes pour avoir le plaisir de leur rendre la liberté ; il leur tiroit des pleurs, pour les essuyer ; il jettoit dans les ames ardentes des dévotes et des illuminés , quelques-unes des bases de sa domination ; il exerçoit particulierement son prestige sur les imaginations tendres. Il croyoit les prêtres utiles à ses projets. Son style même avoit quelque chose des expressions de cette classe d'hommes.

L'astuce étoit après l'orgueil le trait le plus marqué de son caractere. Il n'étoit environné que de gens qui avoient de graves reproches à se faire. D'un mot il pouvoit les placer sous le glaive. Il protégeoit et faisoit trembler une partie de la convention. Il transféroit les erreurs en crime , et les crimes en erreurs. Toutes les fois qu'il étoit attaqué, c'étoit la liberté qu'on attaquoit ; un représentant avoit-il essuyé deux coups de feu d'un assassin , c'étoit lui qui étoit assassiné ; il craignoit les ombres même des martyrs ; il affoiblissoit leur influence ; il mettoit la sienne à la place ; il auroit fait guillotiner les morts eux-mêmes. Pour le peindre d'un trait , Robespierre, né sans génie , ne savoit point créer les circonstances , mais il en profitoit avec adresse. Cela ne suffit pas pour un tyran , aussi les circonstances l'ont perdu, parce qu'elles l'ont dévoilé : il n'a pas prévu que la liberté observe avec une attention scrupuleuse ceux qui veulent s'élever au-dessus d'elle, et qu'il faut une vertu sublime pour soutenir ses regards : il n'avoit point cette vertu, et le voilà confondu dans la classe abhorrée des tyrans de l'humanité qui ont voulu opprimer un moment leurs semblables, et qui ont dévoué leur mémoire à la longue exécration des siecles.

SUPPLICE DE COUTHON.

Précis historique de la vie et des crimes de ce triumvir.

LA nature sembloit avoir disposé Couthon à toutes les vertus douces qui attachent à l'humanité et font le charme de la vie sociale. Il avoit une de ces physionomies heureuses , où la candeur paroissoit avoir fixé son asyle ; sa voix étoit touchante, son langage douce-reux et persuasif; la sensibilité se peignoit dans ses regards , et son abord affable sembloit appeler la franchise et commander la confiance.

L'infirmité à laquelle il étoit en proie,
avoit rendu ces dons de la nature plus tou-
chans encore; et quand on apprenoit surtout
qu'il la devoit à son amour excessif pour la
femme qu'il avoit épousée, l'intérêt qu'il inspiroit devenoit plus vif, et on lui prêtoit
une ame douce comme sa physionomie, sensible comme ses regards, et compatissante
comme l'être qui souffre.

Mais tous ces dehors n'étoient qu'un prestige trompeur destiné à cacher l'ame la plus
féroce et la plus complettement perverse qui
ait jamais souillé l'humanité. Sous des traits
séduisans, et sous l'enveloppe d'un corps à
moitié détruit et privé de vie, Couthon portoit un cœur fermé à toute espece de sensibilité, dévoré de l'ambition la plus effrénée,
capable de toutes les lachetés pour s'élever,
et de tous les forfaits pour affermir sa tyrannie.

Il étoit né à Orsay, dans le département
du Puy du Dôme; sa vie politique jusqu'à l'é-
poque de ses liaisons avec Robespierre, n'offre rien d'intéressant : quoiqu'il fut membre
de la seconde législature, à peine parvint-il
à s'y faire connoître autrement que par la
singularité de ses infirmités, qui l'obligeoient

à se faire transporter à bras au sein de l'assemblée, et qui fixoient autant l'intérêt que
l'attention de ses collegues.

Si sa carriere politique se fut terminée à
cette premiere législature, son nom seroit
perdu dans l'oubli, et la France ne le comp-
teroit pas au nombre des scélérats qui l'ont
ravagée et couverte de sang; mais il fut
nommé à la convention nationale, et c'est
là que se développerent tous les penchans
atroces de son ame, qui sembloit n'être formée que pour ramper dans l'obscurité, ou
pour dominer dans le crime.

Le jour où la convention nationale tint sa
premiere séance, Couthon prononça lui-même son arrêt de mort. La singularité de la
motion qu'il fit mérite d'être connue, par les
rapprochemens qu'elle présente.

« Des bruits désastreux circulent dans le
» public, dit-il; on ose parler de royauté;
» mais les rois ne conviennent qu'à des escla-
» ves; j'ai entendu parler, et j'en ai frémi,
» de dictateur, *de triumvirat*; je crois que c'est
» une calomnie de nos ennemis. Il convient
» donc à la convention d'exposer clairement
» les principes qui font la base de ses opéra-
» tions: jurons tous la souveraineté du peu-

» ple, toute cette souveraineté, rien que cette
» souveraineté ; décrétons la peine de mort
» contre ceux qui oseroient porter atteinte à
» la souveraineté du peuple, à la liberté, et
» à l'égalité ».

Qui eût dit alors que cet homme, qui mettoit tant d'importance à assurer la liberté des
Français, en seroit un jour le plus sanguinaire
ennemi, et qu'il feroit partie de ce *triumvirat*
dont le nom seul le faisoit frémir d'horreur?

Son langage insinuant, ses propositions
qu'un esprit de paix sembloit toujours lui
dicter, ses réflexions hypocrites, les larmes
dont ses yeux se mouilloient en parlant du
bonheur du peuple et de l'amour de la patrie ;
une grande apparence de douceur et de modé-
ration le firent bientôt distinguer dans la nouvelle assemblée, on le crut vertueux.

Mais le fonds de son ame n'avoit point
échappé à Robespierre, dont le grand intérêt
étoit de se former de loin des complices qui
pussent, les uns par leur hypocrisie, les autres par leur enthousiasme fanatique, lui aider à jeter les fondemens de sa tyrannie.

Il se forma donc entre Robespierre et Couthon une étroite intimité. On se demandera
peut-être comment Robespierre qui a sacri-

fié ses meilleurs amis, et qui les a tous préci-
pités, les uns après les autres, sur l'échafaud,
a pu excepter Couthon de la disgrace commune à ses pareils; c'est que jamais il ne fut
d'homme aussi bas et aussi rampant auprès de
Robespierre que Couthon : malheur à quiconque osoit douter devant lui de l'incorruptibilité de Robespierre, son arrêt de mort étoit
prononcé, et tôt ou tard il devoit expier son
audace sur l'échafaud. L'ambition qui dominoit cet homme, en qui les sources de la vie
étoient à moitié détruites, étoit le principe de
ce dévouement servile et criminel. Couthon
avoit vu que Robespierre marchoit à grands
pas vers la domination, et il s'étoit fortement
attaché à son char, pour monter avec lui au
pouvoir suprême, dont il convoitoit en secret
une portion.

Aussi fut-il constamment l'apologiste des
mesures révolutionnaires qui entroient dans
les vues de Robespierre, et qui devoient lui
applanir le chemin de la dictature. Quelquefois même il osa être son organe, comme
pour lui épargner la honte des propositions
les plus désastreuses, et le sauver des suites
de l'indignation publique, si elles venoient à
soulever l'opinion contre elles. C'est ainsi que

le 22 prairial on l'entendit d'une voix hypocrite, proposer la loi de sang qu'avoit rédi-
gée son ami. L'histoire remarquera que les
lois plus sanguinaires, qui avoient été arra-
chées à la convention, avoient été conçues
ou proposées par cet infâme ministre de la
tyrannie de Robespierre. Son génie fécond
en inventions atroces, sembloit ne se reposer
que lorsque les flammes ou l'échafaud avoient
tout dévoré autour de lui.

Tout entier à son systême de *vive force*, qui
n'étoit que l'art funeste de faire crouler des
cités, de les livrer aux flammes, et d'anéantir la génération entiere par le fer et le feu;
c'est lui qui, repoussant tout moyen de con-
ciliation, a causé les désastres de Lyon, et a
plongé cette cité, jadis si florissante, dans
une désolation éternelle.

Il ne faut, pour s'en convaincre, que lire
la lettre que lui écrivoit, au moment où il
présidoit le comité de salut public, un de ses
collegues qui, sans doute, n'étoit pas dans le
secret des desseins médités contre la ville de
Lyon.

« Un motif bien intéressant pour un patriote
» tel que vous, me détermine à vous écrire
» pour vous prier de prendre connoissance

» d'une lettre que j'écris par ce même courrier,
» à Lacroix notre collegue. Vous y verrez la
» douce attente dans laquelle nous sommes
» ici pour la ville de Lyon. Oui, je vous l'as-
» sure, et croyez que je n'ai point l'art de
» tromper, vous avez été mal instruit, *et*
» *Lyon n'est pas aussi coupable qu'on vous l'a pré-*
» *senté*. Je vous citerai plusieurs faits insérés
» dans un rapport que vous avez fait sur cette
» ville, et dont nous avons vu le contraire.
» Lyon en masse est bon, et vous allez voir
» bientôt les plus heureux résultats de mes
» promesses ; tâchez d'empêcher qu'une pa-
» reille ville soit désolée, et que, sans s'en-
» tendre, des milliers de patriotes s'entregor-
» gent mutuellement, tandis que les uns et
» les autres veulent le bien, et ne veulent
» surtout que la République ».

Mais c'étoit à un tigre que parloit ce député : Couthon trouvant *cruelles* et *intolérables*
les lenteurs du siége de Lyon, alla consommer
lui-même le désastre de cette malheureuse ville, et la livra, vaincue, sans défense, à l'infâme Collot d'Herbois, son digne émule, qui
acheva sa ruine par des attentats qui porte-
ront l'horreur de son nom jusqu'aux siecles
les plus reculés.

En

En traçant le portrait du scélérat Couthon, nous désirerions bien l'appuyer de quelques-uns de ces monumens d'hypocrisie profonde, dont l'histoire de la convention nationale offre presqu'à chaque page des traits frappans, et qui servoient à couvrir la perversité de son ame, comme les fleurs qui naissent sur une eau bourbeuse et infecte, empêchent d'appercevoir la corruption qui fermente sous leur tige; mais le cercle étroit dans lequel nous nous sommes circonscrits, ne nous permet guère de ces sortes de citations; il nous suffira de dire que ce qu'il y a de plus sacré parmi les hommes, a servi de voile et de prétexte aux barbaries de cet hypocrite infâme.

Jamais on n'a prononcé le nom de vertu avec une onction pareille à la sienne; jamais personne ne parut plus passionné pour le bonheur de ses semblables; jamais l'humanité n'eût en apparence un plus zélé défenseur, et la divinité même un adorateur plus respectueux et plus sincere. Il faut l'entendre jusques dans son fameux rapport du 22 prairial, sur la réorganisation du tribunal révolutionnaire, où il fouloit avec tant d'audace les droits sacrés de la nature et de l'humanité. Là, tandis qu'il rédigeoit en principes l'assassinat, et qu'il

H

creusoit un tombeau à l'innocence, les noms
de justice et d'humanité retentissoient presqu'à chaque ligne de son discours ; il sembloit
avoir honte en quelque sorte des horreurs qui
lui échappoient, et il les environnoit des idées
de la vertu, pour les faire passer à la faveur
de ce cortege honorable. Enfin, après avoir
présenté le code le plus complet d'iniquité,
qui soit jamais sorti des conceptions de la tyrannie, il termine par ce langage hypocrite.
« C'est encore des poignards que nous diri-
» geons contre nous, nous le savons ; mais
» que nous importent les poignards ! Le mé-
» chant seul tremble quand il agit ; les hom-
» mes vertueux ne voient point de danger
» quand ils font leur devoir ; ils vivent sans
» remords et agissent sans crainte ».

Cependant il faut le dire, Couthon ne vit
pas toujours son hypocrisie couronnée d'un
succès complet ; une circonstance que nous
allons rapporter faillit déranger son système
de fourberie, en le montrant tel qu'il étoit, et
en dévoilant aux yeux de la France la turpitude et la férocité de son ame. Voici le fait.
Un de ses collegues, en mission dans un département, fit circuler un écrit contre lui.
Quel fut l'étonnement du public accoutumé à

toujours entendre parler du vertueux, du sensible Couthon, de le voir traiter dans cet écrit *de monstre exécrable, d'hypocrite, d'homme barbare, qui, sous une sensibilité apparente, avoit un cœur de tigre, de scélérat enfin qui avoit mérité mille fois de périr du dernier supplice.*

Couthon étoit à cette époque membre du comité de salut public. On s'attend, sans doute, qu'il va écraser du poids de sa puissance l'audacieux qui avoit eu le courage de le peindre avec tant de vérité : non. Couthon, que ce trait avoit blessé jusqu'au fond du cœur, n'en témoigne, pour ainsi dire, aucun ressentiment, il se contente de déclarer à la tribune que cet écrit étoit dicté par le génie infernal de la contre-révolution, et quant au châtiment que la convention paroissoit disposée à faire subir au calomniateur, il implore, en quelque sorte, sa clémence jusqu'au retour de son ennemi.

Mais que vouloit Couthon par cette conduite astucieuse ? Il vouloit amener son accusateur au point de lui faire une réparation telle que sa réputation sortit complettement victorieuse de cette lutte. En effet, quinze jours après, effrayé des dangers qu'il avoit appelés sur sa tête , le proconsul, de retour de sa mission, monta à la tribune où il désavoua l'écrit dans lequel il avoit calomnié Couthon, ajoutant qu'il le vouoit à l'exécration publique, et que jamais il ne l'auroit publié s'il avoit toujours été lui , s'il n'avoit été trompé par des intrigans et par des scélérats.

L'ame expansive de Couthon se dilata en entendant une pareille rétractation , et il paya par des embrassemens fraternels la bassesse de son accusateur , qui , pour sauver à Couthon l'opprobre de sa perversité publiée, voulut bien prendre pour lui la honte d'une calomnie reconnue.

Couthon , toujours fidele partisan de Robespierre , se rallia à lui lorsque la scission éclata entre les membres du comité de salut public , et prépara de loin la chute des uns et des autres : c'est alors que se forma le hideux triumvirat de Robespierre , St.-Just et Couthon , quoique ces deux derniers n'en fussent qu'une portion provisoire : car il n'y a pas de doute que Robespierre, après avoir sacrifié ses concurrens les plus redoutables , n'eût brisé à leur tour les deux derniers appuis de sa tyrannie , pour régner seul sur les ruines fumantes de la France asservie.

Mais Couthon ne l'en servit pas avec moins de chaleur dans ses dernières entreprises. C'est lui qui, quelques jours avant le 9 thermidor, se chargea d'annoncer à la tribune des Jacobins que le bonheur du peuple exigeoit encore le sacrifice de quelques têtes. Dans cette société, où Robespierre, accablé par ses terreurs et ses remords, répandoit depuis quelque temps ses alarmes, Couthon se montra son plus zélé défenseur : — « Pour moi, » disoit-il, je veux partager les poignards » dirigés contre Robespierre, et je déclare » que le fer qui perceroit son cœur perceroit » aussi le mien, ou je le vengerois ». — Dans la fameuse séance du 8 thermidor, où éclaterent les premiers signes de l'orage qui devoit fondre le lendemain sur la tête de Robespierre et de ses complices, la convention ayant agité la question de savoir si le discours que Robespierre avoit prononcé à la tribune seroit imprimé ou renvoyé à l'examen des comités, Couthon s'exprima ainsi :

« Je vôte pour l'impression, et j'y ajoute un amendement qui a l'air très-foible, et que je regarde comme très-sérieux ; il faut que la France entière sache qu'il est ici des hommes qui ont le courage de dire la vérité toute entière ; il faut que l'on sache que la majorité de la convention sait l'entendre et la prendre en considération : je demande, non-seulement que ce discours soit imprimé, mais aussi qu'il soit envoyé à toutes les communes de la république ; et quand on a osé demander qu'il fut renvoyé à l'examen des deux comités, c'étoit faire un outrage à la convention, car elle sait sentir et juger.

»Je suis bien aise au reste d'épancher mon ame : depuis quelque temps au système de calomnie contre les représentans fidèles et les plus vieux serviteurs de la révolution, on joint cette manœuvre abominable de faire circuler que quelques membres du comité de salut public cherchent à l'entraver ; je suis un de ceux qui ont parlé contre quelques hommes ; parce que je les ai regardés comme immoraux et indignes de siéger dans cette enceinte, je répéterai ici ce que j'ai dit ailleurs, et si je croyois *avoir contribué à la perte d'un seul innocent ; je m'immolerois moi-méme de douleur* ».

Tant de dévouement pour Robespierre méritoit bien que Couthon partageàt son sort et subit sa destinée ; aussi, dans la séance mémorable du lendemain, fut-il compris dans le décret d'arrestation qui mit aux fers ce monstre. Dans la chaleur de la discussion qui précéda ce décret, Couthon, à moitié étendu sur une banquette, ne pouvant faire entendre sa voix, que le tumulte étouffoit, levoit de temps en temps ses mains et ses yeux vers le ciel ; il avoit si fort contracté le ton de l'hypocrisie, que même dans cet instant décisif, il cherchoit encore à en imposer par les apparences d'une sensibilité vertueuse : mais il fut bientôt tiré de cet état par les propositions foudroyantes qui se succéderent contre lui. — Couthon est un tigre altéré du sang de la représentation nationale, s'écrioit-on de toutes parts ; il a osé, disoit Fréron, par passe-temps royal, parler dans la société des Jacobins de cinq ou six têtes de la convention ; ce n'étoit là que le commencement, et il vouloit se faire de nos cadavres autant de degrés pour monter au trône. Je demande le décret d'arrestation contre Couthon.

Ce décret fut porté à l'instant au milieu des plus vifs applaudissemens. Comme il ne pouvoit se rendre à la barre où étoient déjà Robespierre, son frère, Saint-Just et Lebas : — Qu'on ôte *cette charrogne* d'ici, s'écria un député, et il fut porté au milieu de ses complices pour les suivre bientôt à l'échafaud qui les attendoit.

Les particularités de sa conduite jusqu'au moment fatal ne présentent rien de remarquable ; comme ses complices, et sur leur invitation, il trouva le moyen de se faire porter à la maison commune, où il partagea leurs complots ; mais la lâcheté de Robespierre entraîna la sienne ; il fut surpris agitant stupidement un couteau, et menaçant de se percer le sein ; depuis cet instant, soit frayeur, soit hypocrisie, il tomba dans un accablement qui fit croire à quelques personnes qu'il s'étoit tué ; mais le lendemain, lorsqu'on le conduisoit à l'échafaud, on eut lieu de se convaincre qu'il étoit encore plein de vie.

Ainsi ce scélérat qui s'étoit joué de tout ce qu'il y a de sacré parmi les hommes, et qui avoit osé se dire vertueux avec un cœur noirci de forfaits, entendit les imprécations qui le poursuivirent jusques sur l'échafaud, et les applaudissemens qui précéderent l'instant de son supplice. — L'hypocrisie, qui avoit fait son caractère distinctif, sembloit le rendre plus hideux à la multitude détrompée ; et lorsqu'au moment surtout, où, porté sur l'échafaud, on vit ce corps frêle, perclus, et déjà à moitié dans la tombe ; ce corps à qui la nature sembloit avoir prescrit de végéter sur une chaise ou dans un lit , et pour lequel tant de victimes avoient été immolées , et tant de désastres accumulés sur la France , alors mille sentimens d'horreur , d'indignation et de mépris saisirent les spectateurs , et son ame horrible s'exhala couverte de l'exécration publique.

SUPPLICE DE SAINT-JUST.

Précis historique de la vie et des crimes de ce triumvir.

SI l'on veut avoir l'idée de tout ce que peut enfanter d'extravagant l'esprit humain , livré aux déréglemens de l'immoralité, de l'ambition, et d'une ignorance présomptueuse, il faut lire les sentences morales et les maximes politiques que débitoit Saint-Just à la tribune de la convention , dans le temps qu'il conspiroit avec Robespierre , pour asservir la France et la livrer à ce monstre.

Il semble que la tâche particuliere de ce conspirateur fut de faire disparoître à jamais du sein des Français les principes de la morale sociale, pour les plonger dans l'abrutissement des habitans des forêts : il faut l'entendre en effet , proscrivant tout principe et toutes bienséances , *comme n'étant favorables qu'à l'aristocratie ;* parlant de la révolution *comme d'un coup de foudre ,* qui devoit anéantir , en un instant , tous les ennemis de l'égalité ; comme d'un *fatal niveau* qui devoit se promener sur les têtes , semblable à-peu-près à celui de ce tyran qui étendoit sur son lit de cinq pieds tous les voyageurs, et les faisoit réduire à la mesure de ce lit.

A peine échappé de la poussiere de l'école (1), tout gonflé de son érudition , St.-Just avoit lu dans un grand homme (2), qu'il n'entendoit pas sans doute, qu'un peuple s'étoit laissé corrompre par le luxe, enfant des arts et du commerce, et voilà qu'aussitôt il conçoit le projet d'anéantir les arts, le commerce et le luxe, et que d'un ton de suffisance, qui n'auroit été que comique, s'il n'eut pas été atroce, il annonce à la tribune : *que ce n'est pas le bonheur de Persépolis, mais celui de Sparte , qu'il doit donner à la France.*

____

(1) Il avoit 26 ans.
(2) Montesquieu.

Ailleurs, il n'admet plus de foi privée ; une foi publique lui suffit, et on la possede dès qu'on est membre d'une société populaire.

Ailleurs il détruit le ressort de la sensibilité : les larmes versées sur la tombe d'un père, d'un frère ou d'un ami, sont un vol fait à la cité. C'étoit un crime que de s'attendrir en particulier ; et ne pas pleurer généralement, c'étoit conspirer.

La loi agraire étoit visiblement le but de son systême. Il prophétise avec emphase le temps où chaque Français ayant sa chaumiere et sa charrue, n'enviera plus les jouissances de la richesse, et se reposera *dans les seuls besoins de la nature.*

Veut-on connoître enfin, par un seul trait, quel étoit dans ses pensées le terme atroce qui devoit couronner la révolution : qu'on l'écoute dans son fameux rapport sur la police générale.

« Formez les institutions civiles, disoit-il, ces institutions auxquelles on n'a point pensé encore : il n'y a point de liberté durable sans elles ; elles soutiennent l'esprit révolutionnaire, même quand la révolution n'est plus... L'esprit humain est aujourd'hui malade, et sa foiblesse produit le malheur, parce qu'elle souffre l'oppression : *n'en doutez pas, tout ce qui existe autour de nous doit changer et finir, parce que tout ce qui existe autour de nous est injuste* ».

C'est sans doute en vertu de ce projet de destruction, qu'il avoit écrit dans une note trouvée parmi ses papiers, qu'un révolutionnaire devoit être prêt à marcher *les pieds dans le sang et dans les larmes.*

Saint-Just étoit né à Blérancourt, près Noyon, dans le département de l'Aisne ; il avoit reçu de la nature un de ces caractères ardens, qui ouvrent le cœur à toutes les impressions fortes, et précipitent dans un abyme de déréglemens, lorsqu'ils ne sont pas contenus par des principes.

L'enthousiasme de la nouveauté, aliment ordinaire d'une ame active et remuante, le lança de bonne heure dans la carriere révolutionnaire, et lui fit désirer d'y figurer dans les grandes scènes qui se préparoient. Quelques talens, et une grande apparence de dévouement à la cause de la liberté, le firent remarquer des habitans de son canton ; il fut nommé électeur.

Une lettre qu'il écrivit à Robespierre, pendant que celui-ci n'étoit encore que député à l'assemblée constituante, donne la mesure de son caractère.

« Vous, lui disoit-il, qui soutenez la patrie chancelante contre le torrent du despotisme et de l'intrigue ; *vous que je ne connois que comme Dieu, par des merveilles*, je m'adresse à vous, monsieur, pour vous prier de vous réunir à moi pour sauver mon triste pays. La ville de Coucy s'est fait attribuer les marchés francs du bourg de Blérancourt : pourquoi les villes engloutiroient-elles les priviléges des campagnes ? Il ne restera donc plus à ces dernieres que la taille et les impôts ! Appuyez, s'il vous plaît, de tout votre talent, une adresse que je fais par le même courrier, à l'assemblée nationale.

Je ne vous connois pas ; *mais vous êtes un grand homme.* Vous n'êtes point seulement le député d'une province, *vous êtes celui de l'humanité*, et de la république : faites, s'il vous plaît, que ma demande ne soit point méprisée ».

Signé SAINT-JUST.

Lorsqu'il entra à la convention nationale, son premier soin fut de se rallier *au grand h...* ..ont il avoit déjà admiré les merveilles. Il fut accueilli par Robespierre, et bientôt après admis dans ses confidences. Quelques preuves que l'on ait données de l'insuffisance des moyens de Robespierre pour conspirer, il en avoit du moins un bien puissant et bien efficace, c'étoit de savoir choisir les instrumens et les complices de sa tyrannie. Saint-Just, dont l'enthousiasme révolutionnaire ne connoissoit pas de bornes, dont l'humeur atrabilaire et vaporeuse n'étoit propre qu'à enfanter les idées les plus sombres, dont les demi-principes étoient si faciles à égarer, dont l'admiration exclusive pour Robespierre et Marat, donnoit déjà lieu à tant de préventions, dont le jeune cœur tressailloit à l'idée de la célébrité que donnoit la tribune nationale, et dont peut-être les premiers sentimens avoient été fortifiés par l'espoir de la régénération d'un grand peuple, par le prestige de l'amour, de l'humanité, et par la haine des tyrans, dont l'histoire des nations lui avoit offert les traits dans ses pages immortelles; Saint-Just, disons-nous, parut à Robespierre l'homme qui convenoit le plus à ses desseins. Il le choisit donc pour être, après lui, le tyran de son pays.

Les premiers pas de ce conspirateur dans
la carrière politique , ne furent marqués par
aucun de ces succès brillans , qui présagent la
célébrité et deviennent le gage d'une influence
future : les agitations de la convention nationale, dans ses premières époques, semblerent
l'effrayer ; il paroissoit attendre en quelque
sorte le triomphe de Robespierre, pour se
montrer son partisan , et marcher audacieu-
sement avec lui vers le crime. Cependant il
étoit compté au nombre des fideles montagnards, et il votoit toujours avec eux. On
le connoissoit à peine , lorsqu'après le 31 mai
il parut à la tribune avec ce langage d'audace qui ne le quitta plus : le premier rapport d'un grand intérêt, qu'il fit, eut pour
objet, de faire déclarer traîtres à la patrie
les députés de la Gironde, qui avoient fui,
et de faire décréter d'accusation ceux qui
avoient été arrêtés et plongés dans les fers.

Dès lors la tâche, d'envoyer à l'échafaud
ses collegues , lui fut spécialement affectée.

Souvent en mission , il sembloit ne reparoî-
tre à la tribune que pour y désigner des conspirateurs, et les livrer à la hache des bourreaux ; après avoir couvert de sang et de
cachots les départemens confiés à son activité

révolutionnaire, il revenoit seconder à Paris les sombres fureurs de Robespierre, et dénoncer avec une audace sans exemple ceux de ses collegues que ce tyran avoit proscrits.

C'est ainsi qu'il se chargea du fameux rapport qui précipita Danton, Hérault-Séchelles, Phelippaux, etc. sur l'échafaud. L'intrépidité qu'il mit dans cette lutte, qui étoit vraiment le coup de force de Robespierre, et l'atroce perfidie qu'il employa pour accélérer le jugement et le supplice de ces hommes, dont les réclamations vigoureuses pouvoient si fort compromettre le tyran, et dévoiler ses forfaits, lui valurent les honneurs du triumvirat. Dès lors il entra dans tous les secrets de la conspiration de Robespierre, et celui-ci lui en confia un des principaux ressorts, en partageant avec lui la surveillance de la police générale.

En servant les projets de Robespierre, St.-Just avoit adopté la marche hypocrite de ce scélérat; son audace, ses crimes, ses atrocités, tout cela étoit justice, vertu, probité. C'étoit au nom de l'humanité, de la divinité même, *qu'il marchoit les pieds dans le sang et dans les larmes.*

Veut-on apprendre comment il avoit appris

à tirer parti de l'abus suborneur des mots ?
Entendons-le tracer lui-même le caractère
des conjurations. « Selon lui, ce caractère est
» le déguisement : on seroit imprudent d'an-
» noncer ses desseins et son crime ; il ne faut
» donc point, ajoutoit-il, s'attacher à la sur-
» face du discours, mais juger les hommes
» par ce que la probité conseille ».

Si du caractère et des principes généraux
de ce conspirateur, nous passons à des faits
particuliers, on verra qu'il ne le cédoit en
rien aux *Couthon*, aux *Maignet*, aux *Collot-
d'Herbois*, aux *Carrier*, et à tant d'autres bourreaux de l'humanité, dont les forfaits épou-
vanteront les générations futures. Il sembloit
avoir choisi les départemens voisins du théâtre de la guerre, pour y ajouter aux calami-
tés qu'entraîne ce fléau, les malheurs d'une
tyrannie intolérable. Ses vexations, et ses
atrocités répandoient par tout dans ce pays
infortuné le deuil et la consternation. Des
peuplades entières fuyoient à l'approche de
ce frénétique révolutionnaire, et, dans leur
désepoir, alloient chercher un asyle parmi les
ennemis de leur patrie. Les départemens du
Rhin n'avoient plus ni cultivateurs, ni artis-
tes, quelques hommes de sang régnoient sur

des chaumières désertes et des villages abandonnés.

Parmi les moyens qu'il employoit pour
réduire au plus affreux désespoir les infortunés habitans de cette partie de la France ;
les contributions arbitraires étoient le plus
ordinaire ; il avoit imposé la ville de Stras-
bourg pour une somme de neuf millions,
payables en vingt-quatre heures. Un ban-
quier n'ayant pu trouver sur-le-champ
trois cent mille livres, fut attaché, par ses
ordres, pendant six heures à la guillotine ;
d'autres furent jetés dans des cachots, et
voués à la mort.

Saint-Just étoit en mission à l'armée du
nord, lorsque des lettres pressantes de Robespierre le rappelerent à Paris. La grande
époque où ce tyran devoit consommer son
ouvrage approchoit ; il avoit besoin de tous
ses appuis, et la circonstance étoit trop décisive pour que Saint-Just n'y jouât pas le
rôle qui lui convenoit. Il s'agissoit de dénoncer à la convention, et par conséquent de livrer à l'échafaud, les membres du comité de
salut public, qui, depuis quelque temps,
ayant séparé leurs intérêts de ceux de Robespierre, devenoient suspects à ce tyran. Plein

de ce projet, et pour y préparer les esprits, Saint-Just en arrivant fit donner la plus grande publicité à un fait que voici.

Un officier autrichien, disoit-il, ayant été fait prisonnier dans une dernière action, lui avoit tenu ce propos : « Tous vos succès ne » sont rien ; nous n'espérons pas moins » traiter de la paix avec un parti, avec une » fraction de la convention, et de changer » bientôt votre gouvernement ».

En même-temps Robespierre qui, depuis long-temps n'avoit paru à l'assemblée, faisoit un discours, où il décrioit toutes les opérations du gouvernement, et déclamoit contre ses membres, après avoir préalablement vanté son incorruptibilité et sa vertu.

Mais le grand coup devoit être porté par Saint-Just ; il avoit déjà parlé à ses collegues du comité de salut public d'un rapport qu'il devoit faire le 9 thermidor à la convention, et il n'avoit pas dissimulé que plusieurs membres du comité y étoient accusés et dénoncés. Allarmés de cette déclaration, ses collegues, réunis en séance le 8 au soir, lui dirent que sans doute il étoit de son devoir de dénoncer à la convention tout ce qu'il sauroit devoir compromettre la chose publique, mais qu'auparavant il étoit juste d'examiner en commun les faits , afin de ne pas jeter le trouble.

Saint-Just répondit qu'il consentiroit volontiers à ce qu'on lui demandoit, s'il n'eut point envoyé les premieres feuilles de son rapport à un de ses amis. — En ce cas , répliquerent ses collegues, faites-nous part de la conclusion. — St.-Just ne le voulut pas. Sur ces entrefaites , Collot-d'Herbois arriva au comité ; en entrant, ses regards se porterent sur Saint-Just, qu'il observa froidement. St.-Just lui ayant demandé ce qui se passoit aux Jacobins.— « Quoi ! lui dit Collot-d'Herbois,
» tu nous demandes ce qui se passe aux Jaco-
» bins ; n'es-tu pas le complice de Robespier-
» re ? N'avez vous pas combiné vos projets ?
» Je le vois, vous avez organisé un infâme
» triumvirat, votre projet est de nous assas-
» siner. Mais, je vous le déclare, quand bien
» même vous réussiriez , vous ne jouirez pas
» long-temps de vos forfaits ; et le peuple,
» qui ne tarderoit pas à être éclairé , vous
» mettrait en pièces ». A ces paroles véhémentes Saint-Just pâlit et se déconcerta. — Tu as dans ta poche, reprit un des membres, des notes contre nous ; montre-nous-les. — Saint-Just vida ses poches et assura qu'il n'en avoit aucune. A cinq heures du matin, Saint-Just sortit du comité, et promit de re-

venir à onze heures, pour faire part à ses collegues du rapport qu'il devoit faire à la convention ; mais il ne tint pas parole. A midi,
le comité reçut une lettre de lui, ainsi conçue : —« Vous avez flétri mon cœur ; je vais
l'ouvrir à la convention nationale». —— En
effet, Saint-Just se rendit dans l'assemblée,
où il demanda à faire un rapport, du plus
grand intérêt pour la chose publique.

Arrivé à la tribune, il y composa long-
temps sa contenance, et après avoir déroulé
un papier qui renfermoit son discours, il
parla à-peu-près ainsi :

« Je ne suis d'aucune faction. Je viens vous
» dire que les membres du gouvernement ont
» quitté la route de la justice. Les comités de
» salut public et de sûreté générale m'avoient
» chargé de faire un rapport sur les causes
» qui, depuis quelque temps, semblent tour-
» menter l'opinion publique..... Mais je ne
» m'adresse qu'à vous... On a voulu répandre
» que le gouvernement étoit divisé..... Il ne
» l'est pas..... »

A ces mots il fut interrompu, comme tout
le monde le sait, par Tallien ; et alors s'engagea la terrible discussion qui finit par la chute
du tyran et de ses complices.

Pendant qu'elle dura, Saint-Just ne quitta pas un instant la tribune ; il laissoit la place libre aux orateurs qui s'y succédoient rapidement pour ou contre Robespierre ; mais il s'en réservoit constamment un coin, toujours prêt à reprendre la parole et à continuer son discours, si les chances de la discussion le lui permettoient.

Nonchalament appuyé sur un des côtés de cette tribune, il paroissoit presque insensible aux grandes scènes qui se passoient autour de lui, et dont il étoit le premier moteur ; de temps-en-temps il lançoit des regards de dédain sur les principaux acteurs de cette journée, mais jamais il ne prit la parole, et le décret d'arrestation étoit lancé contre lui, sans qu'il eût opposé la moindre résistance aux accusations qui le motiverent. On assure qu'on lui vit verser des larmes, mais c'étoit sans doute de rage : de loin sa figure paroissoit couverte d'une pâleur affreuse ; à mesure que le dénouement de la discussion approchoit, sa contenance devenoit pénible et embarrassée. Sur la proposition d'un membre, et d'après le décret qui s'ensuivit, il déposa sur le bureau du président le discours qu'il tenoit dans ses mains, et dont il n'avoit lu que les premieres phrases. Enfin, il quitta la tribune pour se rendre à la barre avec Robespierre et ses complices.

Depuis cet instant, tout lui fut commun avec ce monstre. A la maison commune où il se rendit, il se constitua *le chef du comité d'exécution*, qui devoit préparer la mort et l'échafaud aux auteurs de la révolution du 9 thermidor. Mais il ne jouit pas long-temps de l'espoir de la vengeance ; il fut arrêté dans le lieu même où il en méditoit les moyens. Bien différent de ses complices, qui, presque tous, chercherent à attenter à leur vie ; il ne fit aucun mouvement pour se détruire. Ceux qui l'ont vu dans ce moment assurent qu'il étoit d'un sang-froid étonnant ; il n'opposa aucune résistance à ceux qui, les premiers, se saisirent de sa personne. Il demanda seulement qu'on ne lui fit point de mal, assurant que son intention n'étoit point de se défaire.

Le lendemain, sur la fatale charrette, il fut presque le seul dont la contenance étoit calme, et dont l'aspect n'offroit rien de hideux. Ceux qui l'avoient vu la veille à la tribune, et qui l'observerent marchant à l'échafaud, retrouverent en lui le même sang-froid, et la même expression dans les traits. Les malédictions que cent mille bouches lui adressoient

à la fois et de toutes parts, n'ébranlerent en
aucune maniere son intrépidité ; il considéroit
tout avec des yeux où le calme se peignoit ;
la vue de l'échafaud ne lui causa aucun effroi ; et chargé des crimes les plus odieux,
tout dégoûtant du sang de l'innocence, il reçut la mort comme un homme vertueux,
dont le sentiment d'une conscience tranquille
et sans remords, seroit la consolation et
l'appui.

SUPPLICE DE PAYAN,

AGENT NATIONAL DE LA COMMUNE.

*Précis historique des crimes de ce complice de
Robespierre.*

LORSQUE les symptômes de l'anarchie révolutionnaire s'annoncerent par toute la France,
il en fut de ce moment comme de celui qui
précede un grand orage, où l'on voit la terre
se couvrir d'une foule d'insectes rampans et vé-
nimeux ; alors on vit sortir de leur obscurité
une multitude d'hommes inconnus, qui prenant tout-à-coup le masque du patriotisme
et le langage hypocrite de la vertu, s'élan-
cerent,

cerent, avides de sang et de richesses, dans
la carrière politique, cherchant à se rallier
aux tyrans de la France, afin de partager avec
eux la dépouille de leur patrie, ou de l'en-
sanglanter par leurs forfaits. Asyle de cette
tourbe impure d'êtres immoraux, la société
des Jacobins, où dominoit à cette époque
désastreuse Robespierre, étoit comme le corps
de réserve où ce tyran plaçoit à leur arrivée,
ces vils complices de son ambition, en attendant le moment de les faire servir efficace-
ment à ses projets, et de les déchaîner dans
la société pour y porter le ravage et l'effroi.

Parmi ceux que ce monstre y choisit, lorsqu'il fut question de composer son exécrable
tribunal révolutionnaire, Payan, sorti des
contrées méridionales de la France, mérita
de fixer son attention : on a trouvé dans ses
papiers une liste, dans laquelle Payan étoit
considéré par lui *comme un homme énergique
et probe, capable des fonctions les plus impor-
tantes* (1).

On jugera si Payan répondit aux vues et
à l'attente de Robespierre, tandis qu'il fut

____

(1) N°. 39 des Pièces justificatives du rapport de
Courtois.

I

juré du tribunal révolutionnaire de Paris, par
les leçons qu'il donnoit à un certain *Roman-
Fourousa*, devenu membre de la commission
populaire d'Orange, qu'un de ses amis lui
avoit dénoncé comme un homme susceptible
de quelque scrupule dans les fonctions de sa
place, et trop ami des formes : voici comment
Payan crut devoir le rassurer.

« J'ai été long-tems, mon cher ami, membre du tribunal révolutionnaire, et je crois,
à ce titre, te devoir quelques observations sur
la conduite des juges ou des jurés. Il est bon
de t'observer d'abord que les commissions
chargées de punir les conspirateurs, n'ont ab-
solument aucun rapport avec les tribunaux
de l'ancien régime, ni même avec ceux du
nouveau. Il ne doit y exister aucunes formes,
la conscience du juge est là, et les remplace.
Il ne s'agit point de savoir si l'accusé a été
interrogé de telle ou telle maniere, s'il a été
entendu paisiblement et long-tems, lors de sa
justification ; il s'agit de savoir s'il est coupable. En un mot, ces commissions sont des
commissions révolutionnaires, c'est-à-dire,
des tribunaux qui doivent aller au fait,
et frapper sans pitié les conspirateurs ;
elles doivent être aussi des tribunaux *politi-*

ques ; elles doivent se rappeler que tous les hommes qui n'ont pas été pour la révolution, ont été pour cela même contre elle, puisqu'ils n'ont rien fait pour la patrie. Dans une place de ce genre, la sensibilité individuelle doit cesser ; elle doit prendre un caractère plus grand, plus auguste ; elle doit s'étendre à la république. Tout homme qui échappe à la justice nationale est un scélérat qui fera, un jour, périr des républicains que vous devez sauver. On répete sans cesse aux juges : prenez garde, sauvez l'innocence ; et moi je leur dis, au nom de la patrie : tremblez de sauver un coupable.

Dans la position où tu te trouves, je soutiens qu'il est impossible, avec la plus grande sévérité, que tu condamnes jamais un patriote. Le tribunal est entouré d'hommes probes, de citoyens du pays même, et la démarcation est tellement établie entre les amis de l'humanité et ses ennemis, que tu ne frapperas jamais que ses ennemis. Je t'en conjure, au nom de la république, au nom de l'amitié que je t'ai vouée, je t'en conjurerois au nom de ton intérêt particulier même, si l'on dévoit en parler, lorsqu'il s'agit de l'intérêt général ; laisse des formes étrangères à ta place ; n'aies de l'humanité que pour ta patrie, marches d'un pas égal avec tes collegues. Fauvety sait l'impulsion qu'il faut donner au tribunal, il a acquis l'estime et l'amitié de tous les républicains. On applaudit toujours à sa justice, et les aristocrates seuls, dont il détruisoit les partisans, lui reprocherent sa rigueur. Il n'y a pas de milieu, il faut être totalement révolutionnaire, ou renoncer à la liberté. Les demi-mesures ne sont que des palliatifs qui augmentent sourdement les maux de la république. Tu as une grande mission à remplir, *oublie que la nature te fit homme et sensible.* Rappelle-toi que la patrie t'a fait juge de ses ennemis. Elle élevera un jour sa voix contre toi, si tu as épargné un seul conspirateur, et dans les commissions populaires, l'humanité individuelle, la modération qui prend le voile de la justice, est un crime. Je n'ai vu dans ces genres de tribunaux, que deux sortes d'hommes, les uns qui trahissoient les intérêts de la liberté, et les autres qui vouloient la faire triompher. Tous ceux qui prétendoient être plus sages et plus justes que leurs collegues, étoient des conspirateurs adroits, ou des hommes trompés, indignes de la république. Choisis entre l'amour du peuple et sa haine. Si tu n'as pas la force et la fermeté nécessaires pour punir des cons-pirateurs, la nature ne t'a pas destiné à être libre. Tu sens, mon ami, que ces réflexions me sont inspirées par l'amour de la patrie et pour l'estime que j'ai conçue de toi; elles sont jetées à la hâte sur le papier, mais elles sont bonnes. Lis-les sans cesse, et sur-tout avant le jugement des scélérats que vous avez à frapper.

Salut et fraternité, PAYAN.

C'est avec de pareils principes que Payan exerça, pendant près d'un an, les fonctions de juré au tribunal révolutionnaire de Paris. Quelque utile qu'il fut dans ce poste aux vues de Robespierre, il en fut cependant tiré dans le mois de germinal an II, et le comité de salut public le nomma agent national de la commune de Paris.

Il seroit infiniment curieux de tracer ici la conduite de ce nouveau magistrat dans sa place d'agent national, si les bornes étroites que nous nous sommes prescrites pouvoient nous le permettre : parmi les traits qui peuvent cependant intéresser par leur singularité, nous en citerons un.

On sait que dans tous les tems les femmes se sont réservées de tenir le sceptre de la toilette ; qui eut imaginé qu'un grave magistrat du peuple pût empiéter sur leurs droits, et faire dè cette partie des jouissances du beau sexe, l'objet de sa surveillance révolutionnaire. Voici pourtant comment l'agent national Payan disserta un jour en pleine séance du conseil général de la commune sur ce sujet.

« Il est, dit-il, une nouvelle secte qui vient de se former à Paris ; jalouse de se réunir aux contre-révolutionnaires par tous les moyens possibles, animée d'un saint respect, d'une tendre dévotion pour les guillotinés, ces *initiées* font les mêmes vœux, ont les mêmes sentimens, et aujourd'hui les mêmes cheveux. Des femmes édentées s'empressent d'acheter ceux des jeunes blondins guillotinés, et de porter sur leur tête une chevelure si chérie ; c'est une nouvelle branche de commerce, un genre de dévotion tout-à-fait neuf. Ne troublons point ces douces jouissances ; laissons, respectons même les perruques blondes. Nos aristocrates serviront du moins à quelque chose ; leurs cheveux cacheront les têtes chauves de quelques femmes, et la courte chevelure de quelques autres qui ne furent jamais Jacobines que par les cheveux.

Cette harangue est ridicule sans doute ; mais on la trouvera bien plus ridicule encore quand on en connoîtra le véritable motif, qui répandit l'alarme parmi toutes les femmes en qui le goût des perruques commençoit à se manifester.

La maîtresse de Robespierre, par un de ces caprices ordinaires de la coquetterie, avoit imaginé, le jour de la fête à l'Etre suprême, de cacher ses cheveux noirs sous une perruque élégante de longs cheveux blonds, et de se montrer, parée de cette coëffure, parmi les femmes qui composoient la société des triumvirs. La maîtresse, alors en titre, de Barrere, jalouse de ce raffinement de coquetterie, s'en plaignit à son amant, qui, sensible comme Jupiter aux plaintes de Junon, fronça le sourcil, et résolut de venger l'amour-propre outragée de son amante.

Il mande en conséquence l'agent de la commune de Paris. « Sais-tu, mon ami, lui dit-il, quand il fut en sa présence, que l'aristocratie releve la tête ; qu'il s'établit une secte singulière et dangereuse : des femmes achetent les cheveux blonds des guillotinés, et

s'en font faire des perruques, pour signal de
ralliement dans leur dévotion, envers les ennemis de la république; il faut arrêter ce désordre : un seul mot de ta part à la commune
suffira ».

Barrere avoit le talent de présenter un objet sous tant de couleurs, que l'agent national le plus clairvoyant se seroit laissé tromper par ce ton de zele et de vérité. Le lendemain, Payan embouchant la trompette des
dénonciations, ne manqua pas de tonner contre les perruques blondes. Tout Paris, toute
la France, fut entretenue solemnellement de
l'élégant édifice de la coëffure des femmes,
pour satisfaire le dépit et la jalousie d'une
virtuose, et Barrere suffoquoit de rire quand
il se rappeloit cette gentillesse.

On voit par ce trait que Payan étoit autant
le vil instrument des atrocités sanglantes des
oppresseurs de la France, que le ministre de
leurs jeux ridicules. Sa tâche, à la commune,
étoit surtout de célébrer comme un bien-
fait, le gouvernement de Robespierre, de
préparer l'esprit du peuple aux exécutions
sanguinaires qui convenoient aux vues de ce
tyran, et de lui applanir, par tous les moyens
possibles, le chemin de la dictature. Sem-

blable à ses maîtres, il avoit adopté le langage de l'hypocrisie la plus perverse; à l'entendre, dans ses réquisitoires, la France n'avoit jamais eu un gouvernement plus juste, ni plus humain; tout avoit été remis dans l'ordre; la république entiere étoit un temple consacré à la justice et a la probité; jamais la Divinité n'y avoit eu un culte plus pur, ni reçu des hommages plus dignes d'elle.

« Autrefois, disoit-il, dans un discours prononcé dans le temple qu'on appeloit alors *de la raison*, l'esprit public étoit anéanti, le despotisme avilissoit tout, détruisoit tout; on voyoit *le brigandage uni avec le pouvoir*; tous lés principes du gouvernement étoient corrompus; les caprices du despote tenoient lieu de toutes les lois; la tyrannie, exercée à l'ombre de la justice, enlevoit aux tribunaux leur énergie, et aux particuliers leur liberté (1): il falloit une révolution aussi étonnante que la nôtre, pour parvenir à une résurrection morale, et perdre jusqu'au souvenir de nos mœurs ridicules et barbares.

____

(1) Ne seroit-on pas tenté de croire qu'il avoit puisé ces traits dans le tableau déplorable qu'offroit alors la France ?

» Les méchans, ajoutoit-il, se rapprochent pour conspirer contre nous ; unissons-nous tous pour nous *insurger contre le vice.* Nous avons abattu les tyrans, détruisons la tyrannie des hommes corrompus ; nous avons conquis la liberté ; rappelons-nous que les vertus en sont les conservatrices, et que tout partisan du vice est ennemi de la république ».

Quel homme honnête ne sent pas l'indignation s'alumer dans son cœur, en voyant un pareil langage sortir de la bouche d'un pareil scélérat ?

Si les succès eussent couronné l'ambition de Robespierre, il n'y a pas de doute que Payan n'eut joué un grand rôle sous sa dictature : il régnoit entre ces deux personnages une intimité et une confiance parfaites. Robespierre sembloit même avoir une sorte de déférence pour les avis et les conseils de Payan. C'est d'après ses notes qu'il fut décidé qu'un tribunal révolutionnaire seroit établi à Orange, son pays natal, et voici la maniere curieuse dont il en dressa le plan.

« Neuf ou dix mille prévenus à mettre en jugement ; l'impossibilité de les transférer à Paris, puisque cette translation exigeroit dans une distance de deux cents lieues, une armée

pour ressorte ; l'inconvénient de déplacer
trente mille citoyens au moins, qui seroient
appelés en témoignage, et parmi lesquels se
trouveroient le petit nombre de fonctionnaires
publics restés fideles ; la désorganisation politique qui en résulteroit, voilà les motifs de
l'établissement ».

» Quant à l'organisation, on propose les
articles suivans :

1°. Créer un tribunal révolutionnaire qui
siégera à Orange, à l'effet de juger les contre-révolutionnaires du département de Vau-
cluse, et ceux des Bouches-du-Rhône.

2°. Le composer d'un accusateur public et
de six juges.

3°. L'autoriser à se diviser en deux sections en cas de surcharge de travail.

4°. Il jugera révolutionnairement, sans
instruction écrite, *et sans assistance de jurés.*

5°. Nommer pour le composer,

Trinchard et Fauvetty, jurés du tribunal
révolutionnaire de Paris, Milleret et Fourousa, connus par les citoyens, Payan, Cros-
marie et Rouilhon, connus du citoyen Couthon, etc. ».

Conformément à ces instructions de Payan, un tribunal révolutionnaire fut établi à Orange, par arrêté du comité de salut public, du 21 floréal an II : on y envoya les individus qu'il avoit désignés, et le 19 messidor suivant, Fauvetty lui écrivoit :

« Enfin, mon ami, nous allons, et nous avons plus fait dans les six premiers jours de notre activité, que n'a fait dans six mois le tribunal révolutionnaire de Nîmes ; enfin la commission a pourtant rendu *cent quatre-ving - dix-sept* jugemens dans *dix-huit jours*. Je te promets que nous mettrons dans le diabolique comtat, la *vertu et la probité* à l'ordre du jour, etc. »

D'un autre côté, le greffier du tribunal, en lui envoyant quelques exemplaires des premiers jugemens, lui disoit : « Tu les recevras exactement à l'avenir, et je me charge d'autant plus volontiers de cette tâche, que tu ne pourras voir *qu'avec plaisir tomber les têtes* contre-révolutionnaires. Neuf conspirateurs Orangeais ont déjà subi la peine due à leur crime : tu connois la position d'Orange ; *la guillotine est placée devant la montagne* ; on diroit que *toutes les têtes* lui rendent, en tombant, *l'hommage qu'elle mérite. Allégorie pré-

cieuse (1) pour de vrais amis de la liberté. Adieu, mon ami, compte que ça va, et que ça ira ».

En recevant ces lettres, combien l'ame féroce de Pavan devoit s'applaudir de son ouvrage ! aussi ce *régénérateur du midi* s'en faisoit-il un titre puissant auprès de Robespierre pour obtenir, soit pour lui ou ses amis, tout ce qui devenoit l'objet de leur ambition. Un de ses frères (2) fut nommé à la place de commissaire de l'instruction publique ; ailleurs, il dresse une liste de citoyens où se trouvent des noms à jamais exécrables, et tous ces hommes sont bientôt établis les juges de leurs semblables. Quels juges, ô grand Dieu ! c'étoient des furies qui s'étoient emparées du siége de Minos et de Rhadamante.

Nous avons dit que Robespierre avoit une espèce de déférence pour les conseils de Payan; on va en juger par une courte analyse de la lettre, ou plutôt du plan de contre-révolution

____

(1) Quelle horreur ! Ainsi on en étoit venu au point d'immoler des hommes à la montagne, comme autrefois certains peuples immoloient leurs fils et leurs filles aux esprits malfaisans.

(2) Mis hors de la loi le 9 thermidor.

déja cité dans l'histoire de Robespierre , que Payan lui fit passer à l'époque de l'affaire de Catherine Théos , et dont il semble que Robespierre se soit fait un texte de conduite dans sa marche.

On se rappelle que Robespierre heurta de front le comité de sûreté générale , dans le rapport que ce comité fit contre *Catherine Théos* , et qu'il en résulta du refroidissement entre les membres qui le composoient et Robespierre.

A ce sujet, Payan l'invitoit à faire faire un rapport important par le comité de salut public pour détruire celui du comité de sûreté générale , un rapport, disoit-il , philosophique , présentant que cette conspiration étoit née des factions du royalisme et de l'étranger.

Quelle fureur ! Une vieille folle s'enferme dans son grenier, où elle s'amuse à distribuer, à quelques fous comme elle, des bons de béatification pour l'autre monde ; et voilà que Payan imagine de faire de ce sujet une double, une triple conspiration de factions réunies. C'étoit bien là le génie de Robespierre, qui cherchoit et vouloit faire voir partout des conspirations.

Payan , après avoir rehaussé ensuite le co-

mité de salut public aux dépens du comité de
sûreté générale, ajoute qu'il vaudroit mieux
qu'il y eût dans ce comité des hommes avec
des talens médiocres, qui se laisseroient conduire par le gouvernement, que des hommes
de génie ; et que dans ce cas tout iroit bien,
et l'unité d'action sauveroit la patrie.

Voilà cette unité tant prêchée par Robespierre, que Payan déguise ici sous le titre
d'unité d'action, tandis que dans ses pensées,
comme dans celles de Robespierre, ce n'étoit
que l'unité de pouvoir et de despotisme.

Seroit-il inconséquent, continuoit Payan, de
présenter vaguement à ses amis des réflexions
sur cet objet, et de leur faire sentir que le comité de salut public, après tout, sauveroit la
patrie ?

Qui ne voit dans ces mots que Payan avoit
entendu parler de l'unité de pouvoir dont le
comité de salut public seroit d'abord le centre
unique, et par suite Robespierre, et que ce
plan étoit en tout celui de ce tyran, dont le
dessein étoit d'amener peu-à-peu la chute
du comité de sûreté générale, afin d'avoir ensuite un meilleur marché du comité de salut
public, quand il n'auroit en face que ce rival
à quelques têtes ?

C'est ainsi que Payan écrivoit à Robespierre pour accélérer la marche de ce tyran dans sa carrière ambitieuse, et être à portée de partager bientôt avec lui la dépouille de la France. Et ce n'étoit pas seulement par des conseils qu'il cherchoit à lui faciliter la domination suprême, il exaltoit encore son orgueil par des éloges dont il savoit bien que la vanité de Robespierre rehausseroit le prix.

« Je n'ai pu, lui écrivit-il, entendre sans attendrissement plusieurs morceaux de votre rapport (sur l'existence de l'Etre suprême.) Le caractère de sensibilité avec lequel vous l'avez prononcé lui donnoit un nouveau prix ; c'est , sans contredit , le rapport le plus parfait qui ait été fait : les idées en sont grandes , neuves et sublimes ; l'ironie y est maniée avec une noblesse, une finesse qui servira de modèle à nos orateurs : ce que vous dites surtout des rois doit produire un effet étonnant chez les peuples étrangers ».

En récompense de tant de dévouement, l'intention du tyran étoit de consacrer le pouvoir de la commune sur l'autorité départementale. Il paroît en effet que Payan devoit présenter une pétition à la convention, tendante à la suppression du département, comme autorité rivale, et lui proposer de nommer le département, commission des contributions publiques ; mais le 9 thermidor empêcha l'exécution de ce projet.

La conduite que tint Payan à cette époque, fut celle d'un homme qui avoit bien senti que son sort étoit lié à la destinée de Robespierre : aussitôt qu'il apprit les résultats de la séance du 9 thermidor, il s'empressa de se rendre au conseil général de la commune, pour y déterminer avec le maire, son ami et son complice, Fleuriot-Lescot, les mesures qu'il seroit nécessaire de prendre pour faire triompher le tyran. Si les succès des moyens qu'il proposa eussent dépendu de lui, il n'y a pas de doute que la dernière heure de la liberté étoit sonnée pour la France, ainsi que celle de tous ses amis. Voici comment il s'exprima au milieu de la foule nombreuse des citoyens que la nouveauté des événemens y avoit attirés.

« Citoyens, c'est ici que la patrie a été sauvée au 10 août et au 31 mai ; elle est plus que jamais en danger ; c'est ici qu'elle sera sauvée encore ; que les bons citoyens se réunissent donc à l'instant à la commune ; le danger est pressant ; déjà les meilleurs patriotes, les amis constans du peuple sont jetés dans les fers ;

moi-même je ne suis arrivé jusqu'à vous qu'au milieu des assassins. Que nos mesures soient promptes et terribles ».

Aussitôt après il proposa, entre autres mesures, les arrêtés suivans.

« Il est ordonné aux sections, pour sauver la chose publique, de faire sonner le tocsin et de faire battre la générale dans toute la commune de Paris, et de réunir leurs forces dans la place de la maison commune, où elles recevront les ordres du général Henriot.

» Le général Henriot se rendra sur le champ au comité d'exécution.

» Le général Henriot fera passer au comité d'exécution des fusils, des pistolets et des munitions.

» Le conseil général arrête que le commandant général de la force armée dirigera le peuple contre les conspirateurs qui oppriment les patriotes, et délivrera la convention nationale de l'oppression des contre-révolutionnaires ».

En même temps il faisoit écrire à tous les concierges des maisons d'arrêt la lettre suivante.

« Nous t'enjoignons, citoyen, sous ta responsabilité, de ne point recevoir aucun détenu, ni de donner aucune liberté que par les ordres de l'administration de police ».

Sur sa proposition, il fut encore arrêté que plusieurs membres de la commune se répandroient dans les sections de Paris, pour les exciter à l'insurrection.

Qu'une députation seroit envoyée aux Jacobins pour les inviter à fraterniser avec le conseil.

Et que les sections correspondroient de deux en deux heures avec la commune.

Ce fut lui qui proposa d'aller mettre en liberté le général Henriot, détenu au comité de sûreté générale, et que des commissaires, pris dans le sein du conseil, iroient, accompagnés de la force armée, arracher des fers Robespierre et autres.

A l'instant où Robespierre parut dans le conseil, il se précipita au-devant de lui, le pressa dans ses bras, et le conduisit sur l'estrade du président, en lui renouvellant les sermens d'un dévouement éternel.

Payan, en un mot, n'oublia rien de ce qui pouvoit assurer le succès de cette journée ; mais il luttoit contre le génie de la liberté, qui devoit tourner contre lui et ses complices tous les efforts qu'ils faisoient pour l'anéantir.

Déjà des pressentimens affreux sembloient l'accabler. L'inquiétude se peignoit dans ses regards, et dans l'agitation extrême de ses mouvemens : rien ne s'exécutoit comme il l'auroit désiré ; il mêloit la fureur à son impatience : Henriot étoit un lâche, les sections des ramas de contre-révolutionnaires ; sa surveillance s'étendoit à tout ; mille fois il fit répéter au conseil le serment de mourir à son poste. — C'est ici qu'est le dépôt des vrais amis de la liberté, jurons de le défendre, s'écrioit-il. — Il alloit sur la place, il haranguoit la force armée, il exhortoit, il menaçoit.... Vains efforts ! Bientôt le cri de vive la convention se fit entendre sous les fenêtres de la commune. A ce cri, Payan frémit de rage et d'indignation : un instant après il se vit abandonné de tous ceux qui venoient de jurer avec lui de mourir à leur poste, de Robespierre lui-même, qui essaya d'attenter à sa vie : seul alors, il conserva son audace, il courut aux armes pour défendre ses jours, mais il fut arrêté au même instant.

Ici finit son courage : le lendemain il parut, sur la charrette, pâle, défait et portant dans tous ses traits l'empreinte de l'abattement le plus profond ; à peine il osoit lever les yeux

sur la multitude, qui, après avoir contem-
plé le tyran, cherchoit à démêler ses principaux complices. Son nom retentit plusieurs
fois au milieu des malédictions dont on couvroit de toutes parts cette horde d'assassins.
Enfin il expia par sa mort les forfaits dont il
s'étoit souillé, laissant à l'histoire un scélérat
de plus à tracer.

SUPPLICE D'HENRIOT,

COMMANDANT GÉNÉRAL DE PARIS.

Détails historiques sur la vie et les crimes de ce scélerat.

PARMI les plats valets que Robespierre avoit
tirés de la fange, du vice et du crime, pour
ses associer à ses projets sanguinaires, celui
qui inspire le plus d'horreur est le trop fameux Henriot, commandant de la garde nationale de Paris. Jamais la nature n'avoit formé en effet une ame plus vile et plus propre
à servir les fureurs de la tyrannie, en se prê-
tant à toutes les combinaisons de sa perfidie
et de sa férocité.

Henriot appartenoit à des parens pauvres,
mais pleins de probité. Il avoit passé la plus

grande partie de sa jeunesse dans l'état de domesticité ; il étoit, avant la révolution, laquais d'un conseiller au parlement ; il obtint dans la suite, par le crédit de son maître, une place de commis à une des barrières de Paris : il occupoit encore cette place à la fin de l'année 1789.

Brutal, insolent, sans éducation, sans principes, Henriot n'avoit que des vices, et pas une bonne qualité. Il ne connoissoit de jouissances que celles que donne une vie crapuleuse, de langage que celui des tripots et des cabarets, et de frein que la crainte de la potence.

Quand la révolution fut toute entière livrée à l'intrigue et au crime, Henriot commença à jouer un rôle dans sa section. Il s'y fit remarquer surtout par un acharnement féroce contre les riches et les propriétaires : voici, en toutes lettres, comment il y parla dans une occasion où il s'agissoit de mettre une taxe sur les riches : « faisons des billets sur » chacun desquels nous mentionnerons une » somme ; nous irons ensuite chez les riches » un de ces billets dans une main, et un pistolet de l'autre. Nous dirons au riche : paie » cela ; s'il ne le paie pas.... hé bien, *nous* » *aurons au moins le plaisir de l'égorger* ».

L'ardeur aveugle avec laquelle cet homme se portoit à adopter et à outrer toutes les mesures de cruauté mises en avant pour préparer le règne de la tyrannie, l'avoit déjà fait remarquer de Robespierre ; mais l'intelligence féroce qu'il avoit montrée à l'époque affreuse des massacres de septembre, le lui avoit rendu encore plus cher.

Henriot fut en effet un des bourreaux qui se signala le plus, et par le nombre des assassinats, et par son industrie à torturer les victimes : il avoit choisi pour théâtre de ses barbaries, la maison dite de Saint-Firmin ; on l'en vit sortir en chemise, les bras nuds, le visage, les cheveux, les mains, tout son corps dégoûtans de sang.

Depuis cette époque il étoit devenu l'ami, le confident, le favori, et l'un des exécuteurs de Robespierre. Sa section elle-même l'avoit choisi pour son commandant : il l'étoit encore lorsque le 31 mai arriva.

Au milieu des préparatifs qui se faisoient à la commune sous les ordres de Chaumette, pour assurer le succès de cette épouvantable journée, on eut besoin de la présence du commandant général de la garde nationale parisienne; mais celui-ci ne s'étant pas rendu aux sommations de la municipalité, le conseil général proclama, à l'unanimité, Henriot commandant général provisoire, et c'est ainsi que l'exécution du complot formé par Robespierre pour affermir sa tyrannie, fut confié à l'un de ses agens le plus dévoués et le plus capables de répondre à ses vues.

Tout le monde sait maintenant avec quelle audace ce digne ministre du plus sanguinaire des tyrans se conduisit pour faire triompher la faction aux gages de laquelle il servoit; comment il arma cent mille hommes, qu'il disposa autour de la convention nationale, avec l'appareil militaire le plus formidable, pour l'effrayer et lui arracher les décrets de proscription qui convenoient aux vues de Robespierre. Avec quelles imprécations féroces il excitoit au massacre des députés proscrits, les citoyens paisibles, qui, sans connoître le motif de l'insurrection, étoient devenus les instrumens de la tyrannie la plus odieuse. — Demandez, mes amis, leur disoit-il en parcourant les rangs, demandez la punition des traîtres, des Brissotins et des Girondins; ce sont eux qui ont ouvert Condé à l'ennemi, qui ont préparé les malheurs éprouvés par l'armée du Nord; qui sont les auteurs des troubles

troubles de Lyon et de la Lozère, qui veulent anéantir Paris et livrer la France entière aux tyrans coalisés. Défendons la montagne et les députés patriotes que ces traîtres veulent assassiner ; portons aujourd'hui le dernier coup à cette faction scélérate ; qu'elle soit anéantie !

Mais son dépit et sa rage furent au comble lorsqu'au lieu de cette fureur qui présage des massacres, il ne vit partout, dans la masse des hommes qu'il commandoit, que l'apparence du calme et du respect pour la représentation nationale. C'est alors que, retiré avec quelques affidés qui, comme lui, étoient dans le secret de cette journée, il s'emporta en insultes et en outrages contre les Parisiens, ajoutant qu'il *n'y avoit rien à faire avec de pareilles bûches.*

Pour ranimer l'énergie, il ordonna à un de ses amis de se transporter aux Jacobins, où étoit le foyer de l'insurrection.

Arrivé à la tribune, cet émissaire, après avoir fait le tableau de l'ignorance et de l'insouciance des citoyens, s'exprima ainsi : « J'ai vu le brave Henriot parcourir vainement les rangs, le sabre à la main, pour électriser les esprits. — Qu'est-ce donc , se demandoit-on

K

avec étonnement ? Que veut-on faire ? Et ce n'est qu'avec la plus grande peine que nous sommes parvenus à faire connoître à quelques-uns le but civique de l'insurrection.

» Je vois avec douleur, ajouta cet orateur, que la nuit est arrivée, et que nous sommes très-peu avancés : je ne veux point jeter du découragement, mais il faut prévenir la lassitude ; prenez garde que les citoyens, après avoir soulevé une masse imposante, ne s'arrêtent ; nous pourrions dire alors, la république est perdue. Que les mesures les plus fortes et les plus vigoureuses soient adoptées, et que demain le soleil ne se leve pas avant que la liberté soit assurée ».

Henriot eut beau faire par lui ou par ses émissaires, le massacre projeté n'eut pas lieu, et il ne put servir qu'à demi les desseins de Robespierre. Il n'en obtint pas moins la récompense de ses services. Quelque temps après le 31 mai, les sections furent convoquées pour nommer le commandant général de la garde nationale de Paris ; les suffrages se trouverent partagés entre lui et Raffet ; enfin, il obtint, pour ainsi dire, à force ouverte, la majorité des voix, qui, dans une ville comme Paris, n'excéderent pourtant pas le nombre de six mille, et il fut proclamé commandant général de la garde parisienne.

L'histoire de sa vie depuis cette époque jusqu'à celle de son supplice, est un enchaînement si révoltant de bassesses auprès de Robespierre et de ses complices, de cruautés envers les citoyens proscrits, de dissolutions et de débauches dans sa conduite privée, que nous croyons devoir en épargner à nos lecteurs le hideux tableau. Nous ne placerons ici que quelques ordres qu'il donnoit en sa qualité de commandant général, et qui, par leur singularité, prouveront de quelle hypocrisie étoit capable cet homme, qui, à l'exemple de ses maîtres, osoit aussi parler de vertu, d'humanité et de liberté.

« Mes frères, disoit-il, à une époque où les assignats perdant de leur valeur, forçoient les ouvriers à exiger de plus fortes journées, les ouvriers des ports n'ont pas donné l'exemple des privations que nous autres, *pauvres démocrates sans culottes*, avons contractées dès le berceau ; ils exigent pour leurs journées un salaire trop fort, qui ne peut qu'occasionner la cherté des denrées, et priver nos pauvres mères de familles de celles de première nécessité. Vivons honnêtement, vêtissons-nous décemment et proprement ; n'abandonnons pas nos vertus et notre probité ; ce sont nos seules richesses ; elles sont impérissables ; fuyons l'usure ; ne prenons pas les vices du tyran que nous avons terrassé ; soyons toujours *aux yeux de l'univers*, ce que nous avons toujours été ».

« Des citoyennes, disoit-il dans une autre circonstance, indignes de ce nom, se font payer pour passer la nuit à la distribution du charbon. Viles égoïstes ! vous n'êtes pas faites pour rester à côté de nos vertueuses républicaines ; vous ne savez pas vous priver comme elles ; vous n'aimez pas comme elles *les bons magistrats* et les bonnes lois ; vous ne désirez pas comme elles de n'avoir à cette opération qu'un officier civil et un ruban tricolor. Hé bien ! les républicains se coaliseront pour séparer et distinguer les bonnes d'avec les mauvaises. Les bonnes seront secourues, et la loi punira les méchantes ».

Voici comment il s'exprimoit le lendemain de la fête à l'Etre suprême.

« La fête du 20 s'est passée avec beaucoup de décence ; la simplicité, les mœurs et *les vertus étoient en évidence* ; la représentation nationale, le ciel, la terre et toute la nature

rendoient leur hommage à l'Etre suprême : il
ne faut plus pour régler l'ordre et la marche de
nos cérémonies religieuses qu'une flamme
tricolore, l'égalité, la fraternité et l'amour
de son pays ».

« Toutes les lettres anonymes adressées au
général de Paris, disoit-il ailleurs, resteront
au rebut ; les menaces et les injures des méchans sont trop méprisables pour occuper un
instant les fonctionnaires publics. Quelques
faux patriotes se rassemblent dans les cafés et
s'y comportent d'une manière très-indécente ;
tous ceux qui aiment la patrie doivent arrêter
cette espèce de perturbateurs , et les conduire
au comité de sûreté générale : *celui qui mépri-
se le gouvernement actuel est un agent de la faction anglaise et ministérielle* : mais qu'importe !
nous avons pour nous et pour notre gouvernement les hommes probes et vertueux de
tous les pays ».

« Ailleurs il disoit : mes frères, je suis bien
content de votre exactitude dans le service :
c'est ainsi que les hommes vertueux doivent
se conduire : lorsque nous aurons séparé de
la société les hommes sans mœurs, les perturbateurs , les fripons , alors la société sera heu-
reuse. Ayez confiance dans *les vertueux mon-*

K 3

tagnards, dans *les infatigables magistrats* de la commune, (Chaumette et Hébert) ils préféreront tous plutôt la mort qu'un vil et méprisable esclavage ».

« Mes frères, écrivoit-il à l'époque fatale où les tyrans cherchoient à répandre le bruit d'une révolte dans les prisons, pour avoir un prétexte d'assassiner les malheureuses victimes qui y étoient détenues, mes frères, surveillons les prisons ; il se trame dans ces asyles un complot contre la liberté ; les détenus coupables veulent s'ouvrir les portes à quelque prix que ce soit, pour assassiner les représentans fidèles et les meilleurs démocrates. Qu'ils tremblent, leur punition sera prompte et la loi inexorable ; *les juges sauront l'appliquer à propos* ».

Il est facile de reconnoître à tous ces traits l'éleve et le disciple de l'hypocrite Robespierre. Vil instrument de ce monstre, Henriot se prêtoit à tout ce qui devoit concourir à l'affermissement de sa tyrannie ; il avoit rempli de ses créatures les compagnies de canonniers de Paris ; l'arsenal étoit à sa disposition ; il commandoit à six mille jeunes Seïdes qui formoient le camp de la Plaine des Sablons ; tous les ressorts de la force publique lui avoient été remis ; ainsi , tandis que les comités révolutionnaires ne reconnoissoient que la voix de Robespierre, que Fouquier-Tinville immoloit à son gré tous ceux qui devenoient l'objet de ses soupçons ou de sa vengeance ; que la société des Jacobins n'agissoit que d'après les impulsions de sa tyrannique volonté , et que la convention nationale elle-même plioit sous son redoutable empire , Henriot préparoit tous les moyens de réduire par la force ceux qui auroient osé braver sa puissance.

Mais Henriot , comme tous les autres complices en chef de Robespierre , étoit un être aussi lâche que féroce : la chute de son maître le plongea dans un état de désordre et de trouble qui lui ôta jusqu'au souvenir des moyens puissans qu'il avoit entre ses mains pour le délivrer et assurer son triomphe ; il ne prit aucune des mesures qui auroient pu changer le 9 thermidor , en un jour d'horreur et de désolation pour la France entière. Un de ses aides-de-camp fut même obligé de lui écrire à la hâte ces mots. — Mon général , vu le rapport qui vient de m'être fait, je crois que vous feriez bien de monter à cheval, et de vous montrer dans Paris. — Et lui, après avoir rassemblé l'état-major dans la cour Saint-Martin, et dressé un ordre par lequel il instruisoit les chefs de la force armée, que le conseil général de la commune avoit arrêté que le commandant général dirigeroit le peuple contre les conspirateurs qui opprimoient les patriotes, et délivreroit la convention de l'oppression des contre-révolutionnaires, après avoir commandé une réserve de deux cents hommes prêts à marcher aux ordres des magistrats du peuple, et indiqué la commune pour point de réunion, il se contenta de parcourir en forcené les fauxbourgs en criant : *aux armes*, et frappant à coups de sabre les citoyens que ses cris ne remplissoient pas de l'esprit de rage et de fureur qui l'animoit. Il laissa traîner de prison en prison Robespierre et ses complices, et bientôt après il fut arrêté lui-même dans la rue Saint-Honoré, avec quelques-uns de ses aides-de-camp, comme il exhortoit ceux qui s'attroupoient autour de lui de prendre les armes contre la convention, et de se rendre à la commune.

Conduit au comité de sûreté générale, il fut déposé dans la piece qui précédoit celle où le comité tenoit sa séance : on lia ses deux bras avec une corde nouée par derrière, de sorte qu'il ne pouvoit faire usage de ses deux mains, fortement écartées l'une de l'autre : les aides-de-camp faits prisonniers avec lui, furent simplement attachés par les poignets.

Il étoit alors sept heures et demie du soir ; il y avoit environ une heure qu'Henriot étoit au comité de sûreté générale, lorsque les choses changèrent de face, et prirent pour un moment une tournure vraiment alarmante.

Marchant à la tête de douze cents hommes armés, que soutenoit un fort escadron de gendarmerie à cheval avec quatre pieces de canon servies par les canonniers les plus dévoués à Robespierre, Coffinhal, décoré de l'écharpe municipale, se présente à la porte du comité de sûreté générale ; les membres de ce comité se crurent perdus, et leur effroi se propageant jusqu'au sein de la convention nationale, y porta le trouble et le désordre ; mais Coffinhal et sa troupe n'userent que d'une partie de leur avantage : après avoir désarmé, sans la moindre résistance, les gendarmes attachés à la convention, ils délierent Henriot et ses aides-de-camp, et les emmenerent avec eux à la maison commune. Il est incontestable que si après cette expédition ils se fussent

portés dans la cour du château des Tuileries,
et de là dans la salle de la convention, la journée étoit décidée, et le tyran triomphoit.

Ce fut là le seul trait de courage qui distin-
gua les complices de Robespierre. Henriot
ramené en triomphe à la maison commune,
crut suppléer à sa première imprévoyance en
prenant enfin un parti décisif; mais il n'étoit
plus temps; la convention nationale avoit prévenu l'audace des conjurés; les sections étoient
éclairées, et tous les bons citoyens s'étoient
ralliés : les nouvelles tentatives d'Henriot ne
firent qu'accélérer sa perte et celle de son
parti. S'étant présenté sur la place du Carou-
sel avec son état-major, et une suite assez
nombreuse, en vain il essaya de soulever le
peuple, et sur-tout les canonniers sur lesquels
il comptoit le plus : des cris tumultueux étouf-
ferent sa voix ; les canonniers refuserent de
faire feu sur la convention ; en même temps il
étoit mis hors de la loi par l'assemblée : le
bruit de ce décret terrible acheva de le décon-
certer ; il s'enfuit avec précipitation, et se
réfugia de nouveau à la maison commune, où
bientôt Robespierre et tous ses complices se
trouverent enveloppés et prêts à tomber entre les mains de ceux qu'un instant aupara-

vant ils proscrivoient comme des factieux dignes du dernier supplice.

Plein de trouble, et frappé de terreur, Henriot cherchant son salut dans la fuite, se glissa dans un des couloirs de la maison commune; là il rencontra Coffinhal qui s'enfuyoit aussi. A l'aspect d'Henriot, qui, en sortant du comité, avoit garanti sur sa tête le succès de la conspiration, Coffinhal ne peut contenir sa fureur. — Lâche! lui dit-il, voilà donc où ont abouti tes moyens si certains de défense! scélérat, tu n'échapperas pas à la mort que tu cherches à éviter! — En disant ces mots, il saisit Henriot par le milieu du corps et le précipita par une fenêtre du second étage de la maison commune.

Henriot tomba d'abord sur un toît, et delà dans une des rues étroites qui environnent la maison commune. Surpris et reconnu par quelques gendarmes, il se sauva dans un égoût à côté duquel il étoit tombé, mais un gendarme enfonçant sa bayonnette dans l'égoût, lui creva un œil et le força de se rendre.

Le lendemain il parut sur la fatale charrette, n'ayant pour vêtement qu'une chemise et un gilet, et tout couvert de fange et de sang; sa

chevelure, ses mains ensanglantées, un de
ses yeux qui tomboit sur une de ses joues,
tout cela formoît un tableau si dégoûtant et si
effroyable, qu'on n'osoit le fixer long-tems.
Le voilà, le voilà, disóit le peuple, tel qu'il
étoit lorsqu'il sortit de Saint-Firmin, après y
avoir égorgé les prêtres!

Son aspect, en réveillant par tout le souvenir affreux des épouvantables journées de
septembre, attestoit une vérité terrible,
que jamais les assassins de l'innocence n'é-
chappent au chatiment qui les attend.

Enfin ce scélérat trouva le terme de sa vie
mêlée de tant de crimes et d'hypocrisie. Il
périt sous le fer qui vengeoit à la fois tant de
forfaits.

SUPPLICE DE DUMAS,

PRÉSIDENT DU TRIBUNAL RÉVOLUTIONNAIRE.

*Notice historique des crimes de ce monstre altéré
de sang humain,*

Un des complices de Robespierre qui inspi-
rera le plus d'horreur, et dont le nom rappel-
lera le plus de forfaits, c'est Dumas. Il n'est

pas un homme sensible à qui ce scélérat n'ait fait répandre des larmes de douleur et de désespoir ; il n'est pas une famille honnête et vertueuse qu'il n'ait plongée dans le deuil et la consternation : c'est lui que le tyran jugea digne d'exécuter, dans toute son étendue, la loi barbare du 22 prairéal, et qui fit verser ces torrens de sang, qui, pendant six semaines, coulerent sur l'échafaud où il égorgeoit ses victimes.

Le portrait de ce monstre est un des plus hideux à tracer. Ailleurs, le fanatisme pouvoit, en exaltant les ames, leur donner ces dispositions atroces qui ont fait commettre tanr de crimes ; mais dans le cœur de Dumas il n'y avoit que la soif du sang, que la haine de l'humanité, que les impressions de la férocité la plus monstrueuse, que le mépris le plus formel de toute justice et de toute vertu, qui fussent le principe de sa conduite.

Il étoit né à Lons-le-Saulnier, dans le département du Jura, de parens honnêtes ; il avoit reçu de la nature quelques talens ; son éducation avoit été soignée ; il exerçoit la profession honorable d'homme de loi ; mais la perversité de son ame avoit étouffé tous ces germes de bienséance et de probité. On

l'avoit vu au commencement de la révolution, favoriser le parti des émigrés, souper
avec un de ses freres la veille de sa sortie
de la France, puis se jeter dans le parti de
ce qu'on appeloit alors le *fédéralisme*, puis
se réfugier aux Jacobins pour s'y livrer à
l'intrigue, et enfin devenir un des plus zélés
partisans de la tyrannie de Robespierre.

Son dévouement aux intérêts de ce scélérat
lui valut d'être associé aux bourreaux qui devoient former le tribunal révolutionnaire ;
il fut d'abord nommé vice-président de ce
tribunal, et survivant ensuite à toutes les
modifications que le caprice de Robespierre
fit éprouver, à diverses époques, à cette société d'assassins, il parvint à mériter complettement sa confiance, et à obtenir l'emploi
de président du tribunal révolutionnaire qu'il
ambitionnoit.

Dans ce poste, il étoit à-la-fois l'espion
de Robespierre auprès de ses collegues, le
dénonciateur forcené des proscrits auprès des
comités de gouvernement, leur accusateur à
la tribune des Jacobins, et leur juge impla-
cable au tribunal. On l'a vu plusieurs fois,
juger le lendemain comme conspirateurs,
ceux que la veille il avoit dénoncés dans la

société des Jacobins comme suspects. Ce tigre avoit fini par fouler aux pieds toute pudeur et toute bienséance. Tout couvert de sang, et après avoir envoyé à l'échafaud soixante victimes, il alloit le soir déclamer à la tribune des Jacobins contre l'insuffisance des moyens qu'avoit le tribunal pour *juger tous les ennemis de la liberté*. Son projet étoit de joindre à la salle où se tenoient les audiences, une partie de la grande salle du palais, pour y réunir à la fois cinq ou six cents victimes ; et comme on lui observoit qu'un pareil spectacle pourroit à la fin révolter le peuple, — hé bien, dit-il, il n'est qu'un moyen de remplir notre but, sans inconvénient, c'est de faire dresser une guillotine dans la cour de chaque prison, et d'y faire exécuter, pendant la nuit, les prisonniers.

Ce conseil que Dumas donnoit à Fouquier-Tinville, en présence de Robespierre et de quelques autres affidés, auroit été infailliblement exécuté, si le 9 thermidor n'eut anéanti tous ces scélérats avec leurs complots. Dumas étoit encore sur son tribunal de sang, où il venait de signer la mort de soixante victimes, lorsqu'il fut arrêté par des agens du comité de salut public.

Ne sachant pas ce qui venoit de se passer à la convention, et attribuant sa disgrace à l'humeur sombre et capricieuse de Robespierre, qui immoloit ses amis comme ses ennemis, on dit qu'il s'écria douloureusement: — *Je suis perdu.* — Il se souvint sans doute alors que Robespierre, dont la grande politique étoit de se servir d'hommes que, d'un mot, il pouvoit envoyer au supplice, avoit entre ses mains des pieces qui pouvoient le conduire à l'échafaud. C'étoit Robespierre, en effet, qui par son crédit, étoit parvenu à étouffer les suites de dénonciations graves qui avoient été faites aux Jacobins contre lui, après s'être approprié toutefois les pieces qui servoient d'appui à ces dénonciations, et les avoir gardées pour s'en servir au besoin.

Mais dès que Dumas eut appris que sa disgrace lui étoit commune avec Robespierre, le calme rentra dans son ame; il fut conduit à Sainte-Pélagie, vers les quatre heures du soir; à sept heures, il n'y étoit plus; le concierge de cette prison, docile aux ordres de la commune, le laissa sortir sur la sommation de quelques individus envoyés par elle pour le relâcher. Dumas se transporta alors au rendez-vous général des conjurés; et comme on le savoit exercé aux opérations qui concernent un tribunal, on lui fit l'honneur de le charger de l'organisation de celui qui, après le triomphe de Robespierre, devoit exécuter ses vengeances. On doit juger quel eut été l'effet de ce choix, si le sort eut servi l'espoir de cette horde de cannibales.

Au moment de l'invasion de la maison commune par les troupes fidelles à la convention, Dumas laissa là son tribunal et ses plans, pour s'enfuir; il se glissa de couloir en couloir jusques dans un réduit obscur et isolé; mais il ne pût échapper aux recherches que l'on fit de lui : il fut trouvé dans son asyle, et conduit, aux acclamations de tout le peuple, à la conciergerie.

Le lendemain il comparut devant le tribunal que la veille il présidoit, pour y entendre son arrêt de mort. Etrange et bizarre effet des événemens qui signalerent cette époque mémorable ! Ce furent ses complices, ses amis, ou plutôt les esclaves de ses volontés, qui l'envoyerent à l'échafaud.

En marchant au lieu du supplice, Dumas étoit l'objet des imprécations particulieres de la multitude. — Le voilà, s'écrioit-on, ce bourreau, cet assassin de l'innocence ; va, monstre ! va, scélérat, présider les furies de l'enfer. Par-tout il fut accueilli par des huées, et des malédictions, que sa contenance hagarde et furieuse redoubloit encore. Sa tête tomba une des dernieres. Elle étoit aussi hideuse que son ame ; elle révolta la multitude, effrayée encore du souvenir de sa férocité.

SUPPLICE DE FLEURIOT-LESCOT,

MAIRE DE PARIS.

Tableau des crimes de ce bas valet du tyran Maximilien.

FLEURIOT-LESCOT étoit né en Autriche : la révolution, en se développant, lui parut propre à favoriser quelques projets de fortune qu'il avoit conçus pour s'arracher à l'état de pauvreté dans lequel il vivoit à Paris ; en conséquence il emprunta le masque du patriotisme, et se lança dans le tourbillon des intrigues sectionnaires, qui alors servoient de premier échelon pour parvenir aux emplois que donne la faveur populaire.

Fleuriot-Lescot tourna aussi ses vues du côté des Jacobins ; il ambitionna d'être admis dans cette société ; et il y fut reçu selon ses désirs : le rôle qu'il y joua, quelqu'obscur qu'il fut, le fit cependant distinguer de Robespierre : on prétend qu'aux témoignages de son admiration, et de son zele pour ce vil intrigant, il ajouta quelquefois, vis-à-vis de ceux qui s'avisoient de contester devant lui l'incorruptibilité de Robespierre, des preuves qui firent plus redouter la vigueur de son bras que la force de ses raisonnemens.

Quoi qu'il en soit, il obtint la récompense de son dévouement, et il fut nommé l'un des substituts de Fouquier-Tinville lors de la premiere organisation du tribunal révolutionnaire de Paris. Fleuriot-Lescot remplit ses fonctions comme un homme qui vouloit, à quelque prix que ce fut, faire oublier son origine étrangère, et surtout se maintenir dans la faveur de ceux qui lui avoient si généreusement ouvert la carrière de la fortune.

Quoiqu'il fut sans talens, il avoit du moins ceux que donne une ame rampante et toujours prête à tout sacrifier aux capices de la tyrannie. A la faveur de ces dispositions, il sut gagner la confiance de Robespierre, et lorsque ce tyran voulut organiser toutes les autorités constituées de Paris dans le plan de sa conjuration, il le fit nommer maire de Paris, non comme un homme qui pouvoit le servir dans cette place par ses talens, mais comme un esclave dont il pourroit disposer à son gré, et qu'il pourroit faire mouvoir selon ses fantaisies et ses besoins.

Robespierre ne fut pas trompé dans son attente. Fleuriot-Lescot, loin d'abuser des droits et des prérogatives de sa place, n'en devint que plus dévoué à son protecteur; rien ne se faisoit à la mairie dont Robespierre ne fut instruit. Ce vil courtisan sembloit craindre en quelque sorte de respirer sans l'aveu de son maître; il le préconisoit avec une lâcheté révoltante; ses discours à la municipalité ne respiroient que bassesse et flatterie. Il auroit immolé sans remords l'univers entier aux caprices du tyran, pourvu qu'il eût conservé sa faveur.

Il savoit bien que Robespierre n'avoit, pour le perdre, qu'à rappeler qu'il étoit Autrichien, et que d'un mot, il pouvoit le confondre avec la faction de l'étranger. Ces pensées le rendoient encore plus rampant et plus soumis; quelle humiliation pour une ville comme Paris, d'avoir pour premier magistrat un homme capable de cet avilissement!.. Mais éloignons une pareille idée. Fleuriot-Lescot n'étoit pas le maire des Parisiens, il étoit le

maire des brigands qu'on avoit mis à la tête
de la commune de Paris.

Cet homme étoit si généralement méprisé,
même par son parti, qu'à peine on daignoit
se souvenir qu'il étoit maire de Paris, dans
les occasions où il s'agissoit de faire interve-
nir sa qualité. C'étoit Payan qui avoit la
grande influence ; quant à lui il n'avoit guère
que les honneurs de la représentation, et d'autres fonctions à remplir que de donner l'exemple d'un dévouement servile à Robespierre.

Il se traînoit ainsi de lâchetés en bassesses,
lorsque le 9 thermidor vint l'envelopper dans
la catastrophe des tyrans qu'il servoit. On
doit pourtant avouer qu'il fut un de ceux qui
montrerent le plus de caractère dans cette circonstance décisive. A peine le bruit de ce qui
se passoit à la convention parvint jusqu'à lui,
qu'il s'empressa de se rendre à la maison commune, et d'y rassembler les membres épars
du conseil.

Le discours qu'il prononça quand ses collegues se trouverent réunis, fut celui d'un homme qui étoit bien décidé à subir les chances du
parti pour lequel il combattoit ; il rappela la
gloire que la municipalité de Paris avoit eue
de concourir au triomphe de la liberté aux

époques mémorables du 10 août, et du 31 mai ;
il chercha à ranimer l'énergie des membres du
conseil , et prenant dans ses mains le tableau
qui représentoit les droits de l'homme, il s'é-
cria avec chaleur : « Quand le gouvernement
» viole les droits du peuple , l'insurrection est
» pour le peuple , et pour chaque portion du
» peuple , le plus sacré et le plus indispensa-
» ble de ses devoirs ».

Quelqu'un s'étant plaint que la feuille sur
laquelle les membres du conseil arrivans s'é-
toient inscrits , avoit été soustraite , il dit : —
Non , on ne nous ravira pas l'honneur d'avoir
concouru aujourd'hui aux succès de la liberté
sur la tyrannie et l'oppression : je propose
que la liste soit renouvelée, afin que , déposée
aux archives , elle atteste à jamais la fidélité
des vrais amis de la patrie. — Et il s'inscrivit
le premier sur la nouvelle liste.

Il sembloit avoir réservé toute l'énergie
dont il étoit capable pour cet instant criti-
que et décisif. Ce fut lui qui ordonna qu'on
sonnât le tocsin de la maison commune, qu'on
fermât les barrières , et qu'on fit avancer du
canon sur la place de grève et sur les quais.
On conduisit devant lui un concierge de la
force , qui n'avoit pas voulu reconnoître les

ordres de la municipalité ; à son aspect Fleuriot-Lescot devint furieux ; s'il n'eût été retenu, il auroit immolé cet infortuné geolier, qui, tremblant de frayeur, demandoit à ses pieds grace et pardon.

Lorsque Robespierre entra dans la salle du conseil, Fleuriot-Lescot, ivre d'alégresse, se précipita au-devant de lui, et l'appelant le sauveur de la liberté, il le fit asseoir dans son fauteuil, et fit prêter devant lui le serment de mourir pour sa défense.

Un officier porteur d'un ordre de la convention nationale s'étant présenté au conseil, il arracha de ses mains l'ordre qu'il lui présentoit, et après l'avoir déchiré, il traita cet officier de scélérat, ordonna qu'il fut dégradé à l'instant et conduit à la commission d'exécution.

Il couvrit également d'outrages un commandant de section qui avoit refusé d'envoyer ses canons à la commune, et le fit traîner sur le champ en prison.

Quelque temps après on apperçut au coin d'une des rues qui donnent sur la place de grève, des commissaires de la section des Arcis qui faisoient la proclamation de la convention nationale. Aussitôt le maire ordonne

qu'on aille arrêter ces insolens proclamateurs;
plusieurs membres se lèvent et bientôt après
reparoissent amenant avec eux les commissaires de la section ennemie. Dès qu'ils sont en
présence du conseil , Fleuriot-Lescot écumant de rage , épuise sur eux toute sa colère ;
et les menaçant du plus terrible supplice , il
les renvoie à la commission d'exécution.

Mais le moment de la défaite approchoit;
tout-à-coup on entend un coup de pistolet qui
part d'un des couloirs voisins. A ce bruit,
Fleuriot-Lescot descend avec précipitation de
sa place, court vers l'endroit d'où le coup
étoit parti, et reparoît aussitôt pâle et tremblant, en s'écriant : *Tout est perdu.*

Depuis cet instant le découragement entra
dans son cœur ; la dispersion générale de ses
complices , leur arrestation , les cris tumultueux qui retentissoient autour de lui , tout
cela le plongea dans de vives alarmes ; enfin
il subit le sort commun. Conduit à l'échafaud
il eut sous ses yeux le spectacle du supplice
de tous les conjurés ; en sa qualité de maire
de Paris, il fut exécuté le dernier , après avoir
été l'objet, non pas à la vérité de l'exécration
générale , comme les tyrans dont il avoit été
l'instrument , mais du plus profond mépris ,
châtiment

châtiment inévitable des hommes qui, comme lui, se rendent les agens de la tyrannie.

SUPPLICE DE COFFINHAL,

Président du tribunal révolutionnaire.

PIERRE-ANDRÉ *Coffinhal*, après avoir passé par toutes les charges révolutionnaires de sa section, où d'abord il avoit exercé la profession de médecin, et ensuite celle d'homme de loi, étoit enfin parvenu à la place de président du tribunal révolutionnaire de Paris. Les détails de sa barbarie dans ce poste sont d'une telle atrocité, qu'il faut avoir vécu dans ces temps malheureux pour les croire. La postérité aura peine à concevoir qu'un homme exerçant les fonctions déjà si redoutables de juge, ait pu mêler le sarcasme aux arrêts de mort qu'il prononçoit, et insulter à l'infortune des condamnés en les envoyant au supplice.

Mais ces temps où l'on avoit si fastueusement mis la probité et la vertu à l'ordre du jour, n'avoient rien de commun avec les fastes les plus extraordinaires des sociétés humaines : il étoit réservé aux hommes qui se disoient les enfans de la liberté, de surpas-

L

ser tout ce que les siècles des Néron, des Phalaris, et de Tibere, avoient conçu d'horreurs et exécuté de forfaits.

Coffinhal, assis sur son tribunal de sang, et lançant des arrêts de mort, ressembloit plutôt à un baladin obscène, qui rassemble autour de lui des spectateurs avides de pasquinades, qu'à un juge devenu l'arbitre de la vie de ses semblables : la taille des malheureux qu'on amenoit devant lui, leur physionomie, leur tristesse, le calme qu'ils montroient, leurs réponses, leur silence, tout, jusqu'au son de leur voix, servoit à ce tigre de sujets de sarcasme et de raillerie. Il outrageoit la beauté par des propos indécens, les talens par des plaisanteries grossières, la vieillesse par des dédains atroces, l'innocence par des soupçons injurieux ; si les prévenus vouloient parler, il leur disoit d'une voix terrible : — Tu n'as pas la parole. — S'ils se taisoient, ils conspiroient dans le silence.

Un jour, il venoit de condamner un maître en fait d'armes : — Pare cette botte là, lui dit-il, en éclatant de rire. — Une autre fois il dit à des malheureux qui attendoient avec calme l'arrêt de leur destinée : — Vous seriez bien étonnés si je vous annonçois que vous allez être acquittés ; et après avoir gardé pendant quelque temps le silence , comme pour s'amuser de leur contenance , il leur annonça leur condamnation.

O honte ! ô douleur ! l'exécration des siècles suffira-t-telle pour venger de tels attentats !

Coffinhal fut le seul de tous ceux qui, au 9 thermidor, avoient été mis hors de la loi, dont on ne put se saisir : après avoir épuisé sa rage sur Henriot, en le précipitant par une fenêtre, il parvint à s'échapper ; et s'étant déguisé sous la forme d'un batelier, il alla se cacher dans l'île des Cignes au-dessous des Invalides. Il y resta deux jours et deux nuits sans prendre aucune nourriture, et n'ayant pour asyle que quelques planches contre un déluge d'eau qui ne cessa de tomber pendant tout ce temps.

Le malheureux souffrant cruellement de la faim et de l'incommodité qu'il recevoit de la pluie dont il étoit trempé, sortit de sa retraite; il se rendit chez un particulier qu'il avoit eu autrefois pour ami. Ce particulier lui devoit 25 louis ; Coffinhal lui demanda du pain , des vêtemens et de l'argent. Mais cet ami le ferma sous la clef, et courut avertir la garde que Coffinhal étoit chez lui.

En se voyant arrêté, ce scélérat osa se ré-
crier contre la violation des droits de l'hospi-
talité et de l'amitié, comme s'il eût encore eu
quelques titres aux liens sacrés de la morale
sociale ! arrivé à la conciergerie, il demanda à
boire et à manger, et raconta au concierge
qu'on se feroit difficilement une idée des terribles angoisses, des douleurs cruelles d'esprit
et de corps qui l'avoient torturé pendant les
deux jours qu'il avoit passés dans l'île des Cignes. — La mort qu'on me prépare, ajoutoit-il,
sera une douceur en comparaison de ce que j'ai
souffert.

Lorsqu'il alla au supplice il fut constamment
l'objet des railleries de la multitude ; les uns lui
crioient : — Tu n'as pas la parole. — D'autres
passant des batons au travers des barreaux de
la charrette, et les présentant à la poitrine du
patient, lui rappeloient ses insultes aux infortunés qu'il condamnoit, et lui crioient : — Hé
bien ! Coffinhal, que dis-tu de cette botte ? Pare
celle-là.

Coffinhal regardoit de droite et de gauche,
et levoit stupidement les épaules. Il marcha à
la mort avec une sorte de courage, et la reçut
avec assez de résolution.

TABLE ALPHABÉTIQUE.

COFFINHAL, président du tribunal révolutionnaire. (supplice de) 241

Couthon, député à la convention. (supplice de) 162

Dumas, président du tribunal révolutionnaire. (supplice de) 228

Fleuriot-Lescot, maire de Paris. (supplice de) 234

Henriot, commandant général de Paris. (supplice d') 213

Payan, agent national de la commune. (supplice de) 192

Robespierre, député à la convention. (supplice de) 3

Saint-Just, député à la convention. (supplice de) 177

AVIS.

Ce volume est tiré de la collection *des Procès fameux jugés avant et depuis la Révolution.* Il forme le 15e de ce recueil, où l'on trouve des anecdotes très-curieuses sur la vie et la mort des grands criminels et des victimes qui ont péri sur l'échaffaud. Cette collection contient entr'autres procès, ceux de *Carrier,* de Joseph *Lebon,* de *Fouquier*-Tinville, de *Bazire,* de *Chabot,* de Camille *Desmoulins,* de *Phelippeaux,* de *Fabre* d'Eglantine, d'Anacharsis *Cloots,* de *Manuel,* de *Chaumette,* d'*Hébert,* connu sous le nom de Père Duchêne, de *Ronsin,* du fameux *Lacombe,* le *Fouquier-Tinville* de Bordeaux, de *Robespierre,* d'*Henriot,* de *Couthon,* de *Saint-Just,* de *Coffinhal,* de *Payan,* de *Dumas,* de Charlotte *Corddy,* de la jeune *Renaud,* de *Girey-Dupré,* d'Adam *Lux,* de *Bailli,* premier maire de Paris, de la femme de l'ex-ministre *Rolland,* de *Guadet* et de sa famille, de *Loizerolles* père, de *Gobel,* évêque de Paris, de *Lavoisier,* fermier-général, célèbre chimiste, etc., etc....

Le prix des 15 volumes est de 28 liv. pour Paris. En envoyant cette somme à l'auteur, rue du Théâtre Français, au coin de la place, il se charge des frais d'emballage, et de remettre à la Messagerie les paquets pour les Départemens.

EXTRAIT du Catalogue des livres qui se trouvent chez DES ESSARTS , Libraire , rue du Théâtre Français , n°.9 , au coin de la pace.

Œuvres morales et galantes de Duclos, de l'académie française , 4 v. in-8°. brochés , prix , pap. ordinaire 10 l. et papier vélin 18 liv.

Cette édition qui étoit désirée depuis long-temps , est aussi soignée que correcte. Elle mérite d'être placée dans la bibliotheque d'un homme de goût. Tous les ouvrages qui la composent ont eu le plus grand succès.

Œuvres de Racine, 3 vol. in-8°. , édition sur papier commun , 5 liv. broché.

Satires et Poësies de Gilbert , jeune poëte , dont la mort a été si tragique, 1 vol. in-8°. , 30 sous papier ordinaire , et 3 liv. papier vélin , broché.

Procès fameux jugés avant et depuis la révolution , contenant les circonstances qui ont accompagné la condamnation et le supplice des grands criminels et des victimes qui ont péri sur l'échaffaud , 15 vol. in-12 , prix 28 liv.

Candide ou l'Optimisme , roman de Voltaire , belle édition in-18 , avec figures , imprimée en caractères de Didot , prix pap. ordinaire 1 liv. 16 sous, et 3 liv. 12 s. papier vélin , broché.

Précis historique de la vie , des crimes et du supplice de Robespierre et de ses principaux complices, 1 v. in-12 , avec le portrait très-ressemblant de Robespierre , prix 2 liv. 5 sous broché.

Voyage dans la Grèce , du jeune Anacharsis , 7 v. in-8°. , avec atlas , brochés , prix 32 liv.

Histoire philosophique, par Raynal, 10 vol. in-8°., avec atlas, broché, 40 liv.

Abrégé de la grammaire française de Restaut, in-12, prix 15 sous broché.

Dictionnaire de l'académie française, dernière édition in-4°., 2 vol., prix 27 liv. relié.

Id. in-fol., 2 vol. 30 liv.

Bibliothéque orientale de d'Herbelot, nouvelle édition, 6 vol. in-8°., prix 24 liv. brochés.

Choix de causes célèbres, 15 vol. in-12, prix 30 l. broché.

Dictionnaire universel de police, 8 vol. in-4°., prix 40 liv. broché.

Plusieurs éditions complettes des œuvres de Voltaire, de J. J. Rousseau, de Mably, d'Helvétius, de Montesquieu, etc.